Thomas Krause

Grillen für MÄNNER

80 Rezepte ohne Schnickschnack

Bassermann

× INHALT ×

Männergrillschule

GRILLEN

Faszination für den Mann seit Anbeginn der Zeit

Auch wenn Küche und Herd als Domäne der Frau von uns Männern erst nach und nach erobert werden – am Grill ist das anders. Nirgends ist die Quote kochender Männer höher als am offenen Feuer. Hier hat sich seit der Steinzeit im Grunde nichts geändert, Feuer zu machen ist seit alters her einfach Sache des Mannes geblieben. Im Gegensatz zum Kampf um die Küche hat am Grill beziehungsweise Feuer ein solcher nie stattgefunden. Und noch etwas anderes ist nicht nur für anwesende Frauen immer wieder faszinierend zu beobachten: Kaum hat Mann das Feuer im Grill entfacht, bleibt er genau dort stehen und im Nullkommanichts haben sich alle übrigen anwesenden Geschlechtsgenossen mit oder ohne Bierflasche in der Hand dazugesellt. Klingt klischeehaft? Ist es vielleicht auch, aber die meisten von Ihnen werden jetzt ganz sicher mit einem Lächeln auf den Lippen still nicken.

Doch warum sammeln sich Männer um den Grill wie die Motten um das Licht? Dieser Umstand mag auf das archaische Bild des Jägers und Sammlers zurückzuführen sein, es liegt aber sicherlich unterbewusst ganz simpel an Folgendem: Wenn schon nicht die Welt, so ist es uns im gezielten Umgang mit dem Feuer möglich, zumindest eine Naturgewalt zu beherrschen. Hinzu kommt, dass die Verbindung aus Mann und Grill eine echte Männerfreundschaft ist: Im Gegensatz zu minutengenauen Zeitangaben und grammfeinen Mengen, die es in der Küche abzuwiegen gilt, geht am Grill alles ein wenig lässiger zu. Hier darf aber auch ganz nach Männergeschmack getüftelt, experimentiert und gefachsimpelt werden – egal, ob es um die Hardware, das heißt Grill und Kohle oder Gas, oder die Software in Form der Stücke, die auf dem Grill landen, geht.

Was liegt also näher, als der sehr erfolgreichen „Männerkochschule" ein Buch über das Grillen folgen zu lassen? Denn wenn Mann so magisch von jeder Feuerstelle angezogen wird, so sollte das, was dort gebrutzelt wird, zu kulinarischen Höhen verhelfen. Vielleicht möchten Sie nun einwenden, dass es aber doch schon ach so viele Grillbücher gibt. Damit haben Sie natürlich gar nicht so unrecht, aber dieses hier hat einen besonderen, ganz eigenen Charakter. Alle Rezepte, die sich an Klassikern und Trendthemen orientieren, sind neu (interpretiert) und immer ein bisschen außergewöhnlich. Durch ihre Erklärung Schritt für Schritt werden auch die Grillanfänger unter Ihnen von Anfang an gute Erfolge erzielen können. Bevor es an die Rezepte geht, empfehle ich Ihnen allerdings die Lektüre der Einführung, in der Sie noch einmal alle Basics an die Hand bekommen. Los geht's!

Viel Spaß am und um den Grill wünscht Ihnen

Ihr Thomas Krause

DIE WAFFEN DES GRILLMEISTERS

DER PERFEKTE GRILL FÜR JEDEN TYPEN

So, wie für jeden Topf der richtige Deckel existiert, gibt es ganz sicher für jeden Mann den richtigen Grill. Haben Sie die Wahl, gilt es zunächst herauszufinden, welcher Grill am besten zu Ihnen passt. Fakt ist: Ähnlich wie beim Autokauf wird jeder Mann beim Erwerb eines Grills wieder zum Kind. Die Auswahl ist inzwischen riesig und reicht vom Einweggrill bis zum Luxusgrill(wagen), dessen Anschaffungskosten locker bei mehreren Tausend Euro liegen können und für den Mann alternativ auch einen guten Gebrauchtwagen bekäme.

Über die gängigen Holzkohle-, Gas- und Elektrogrills hinaus gibt es vom Schwenkgrill über Monolithe, Smoker und Räuchergeräte so viel anderes mehr zu entdecken, dass es den Rahmen des Buches sprengen würde. Um möglichst vielen grillenden Männern mit den im Buch enthaltenen Rezepten zahlreiche Erfolgserlebnisse zu gönnen, beschränke ich mich im Folgenden auf die Vorstellung der drei eben genannten gängigsten Grilltypen. Schon in diesem Segment ist die Auswahl an Geräten unglaublich groß.

Für die Kaufentscheidung wichtig ist, wo das Gerät stehen soll beziehungsweise wie viel Platz dafür zur Verfügung steht, wie häufig der Grill zum Einsatz kommen wird und wie viele Personen maximal zu begrillen sein werden. Ob Sie Zusatzfunktionen wie Seitenkocher, Hotplate oder Infrarotbrenner wirklich brauchen, müssen nur Sie selbst entscheiden.

Damit die Wahl des richtigen Modells nicht zur Qual wird, kann ich Ihnen wirklich nur dazu raten, neben dem Gespräch mit grillerfahrenen Freunden den Rat eines Profis zu suchen. In vielen Städten gibt es inzwischen Geschäfte, die sich ausschließlich dem Thema „Grillen“ verschrieben haben. Größere Baumärkte verfügen häufig ebenfalls über gut ausgestattete Abteilungen mit versierten Fachberatern.

DER HOLZKOHLEGRILL FÜR DEN NATURGRILLBURSCHEN

Der Holzkohlegrill ist für uns Männer nach wie vor der unangefochtene Favorit. Das liegt sicherlich auch daran, dass das Grillen über der heißen Glut die ursprünglichste Form der Zubereitung darstellt. Allerdings ist bei ihm in jedem Fall Zeit und etwas mehr Tüftelarbeit gefragt. Bevor das eigentliche Grillen losgehen kann, ist eine Vorlaufzeit von mindestens 30 Minuten nötig. Denn erst dann hat sich die richtige Glut gebildet, mit der Sie das perfekte Grillergebnis erreichen. Das optimale Entzünden gelingt sehr gut mit einem Anzündkamin, mehr hierzu finden Sie weiter unten im Text. Keine Frage, hier wird Mann auf die Geduldsprobe gestellt. Falls Sie große Fleischstücke bei indirekter niedrigerer Hitze (siehe Seite 16) über mehrere Stunden zubereiten, dürfen Sie zudem nicht vergessen, in regelmäßigen Abständen Kohle nachzulegen. Wie bei anderen Grills auch können Sie hier zwischen unterschiedlichen Formen und Größen ganz nach Ihren Wünschen und Möglichkeiten wählen. In jedem Fall sollte der Holzkohlegrill einen Deckel besitzen, damit Ihnen die Grillwelt offen steht und die Hitze im Grill optimal zirkulieren kann (siehe Seite 10).

DER GASGRILL FÜR DEN EASY-GOING-GRILLER

Wer es einfach, schnell und unkompliziert mag, der wird sich vielleicht für einen Gasgrill(wagen) entscheiden. Der Gasgrill ist sofort an und quasi auf Knopfdruck bereit, dabei temperaturgenau zu regeln. Zudem ist er vergleichsweise sauber und raucht nicht (deshalb auch ideal für enge Nachbarschaften, den Balkon oder für das schnelle Grillen zwischendurch). Ein Nachlegen von Brennmaterial entfällt auch bei längeren Garzeiten, sofern sich noch ausreichend Gas in der Flasche befindet. Ausdauernde Gasgriller halten daher am bestens stets eine Ersatzflasche griffbereit. Gasgrills sind wie

Holzkohlegrills in allen Größen und Komfortstufen erhältlich. Ideal und vielseitig einsetzbar ist ein Exemplar mit drei stufenlos einstellbaren Brennern und einem extra Seitenbrenner – dieser kann zum Braten, Kochen und Warmhalten benutzt werden.

DER ELEKTROGRILL FÜR DEN KOMPROMISSGRILLER

Wer aufgrund seiner Wohnsituation nur drinnen oder auf dem Balkon grillen kann, der hat leider kaum eine Wahl und wird sich für einen Elektrogrill entscheiden (müssen). Im Gegensatz zu Holzkohle- und Gasgrill ist die Temperatur beim Elektrogrill nicht allzu genau regelbar, auch sind Elektrogrills in ihrer Größe begrenzt – die größten eignen sich für sechs Personen. Zudem ist Mann immer abhängig von einer Steckdose beziehungsweise ausreichender Stromzufuhr, was ein Grillen in der „echten" Natur unmöglich macht. Beim Kauf eines Elektrogrills sollte Mann in jedem Fall auf stufenlose Temperaturregelung mit Kontrollleuchte, auf eine Abdeckung der Heizstäbe gegen Fettbrand und Qualm, eine möglichst große Grillfläche, eine abnehmbare Fettschale und insgesamt gute Reinigungsmöglichkeiten achten.

EIN DECKEL MUSS DRAUF

Mit allgemein zunehmender Begeisterung für das Grillen werden die Esser dem Grillergebnis gegenüber entsprechend anspruchsvoller. Die Zeiten, in denen nur Bratwürste und Steaks den Rost bevölkerten, sind definitiv vorbei. Und wir grillenden Männer möchten ja schließlich auch unser gesamtes Potenzial abrufen, denn es gilt: ein Mann – ein Feuer – unzählige Möglichkeiten! Wer sie alle ausschöpfen möchte und sich möglichst viele Optionen der Zubereitung offen halten will, sollte sich beim Kauf eines neuen Grills unbedingt für ein Modell mit Deckel beziehungsweise Haube entscheiden. Denn damit kann Mann sich den entstehenden Backofeneffekt zunutze machen, bei dem das Grillgut nicht nur einseitig von unten, sondern rundherum erhitzt und gegart wird, weil der Deckel die Hitze von oben zurückwirft. Schon beim Vorheizen mit Deckel erhalten die Grillroste die optimale Hitze und gut eingefettet klebt nichts an. Die Garzeit verkürzt sich und das Grillgut wird vor dem Austrocknen geschützt. Große Mengen an Gegrilltem können im geschlossenen Grill bei niedriger Hitze gut warm gehalten werden. Das Grillen beziehungsweise Backen einer Pizza oder das indirekte Grillen – all das klappt nur mit Deckel. Außerdem wird die Rauchentwicklung deutlich reduziert, wenn Fett oder Fleischsaft im Grill verdampfen, und das Auflodern von Flammen wird durch die reduzierte Sauerstoffzufuhr verhindert. Durch das Öffnen des Deckels entweicht die Hitze, was die Garzeit verlängert, öffnen Sie ihn daher nur zum Wenden des Grillguts oder zum Bestreichen mit Marinade.

Achten Sie beim Kauf eines Grills in jedem Fall darauf, dass seine Deckelhöhe groß genug ist, damit zum Beispiel auch das Ruhrpott-Hähnchen von Seite 76 eine Chance auf fachgerechte Zubereitung hat.

SICHERHEIT IST OBERSTES GEBOT

Egal, für welchen Grill Mann sich entscheidet – achten Sie bei seinem Kauf auf eine solide und ordentliche Verarbeitung aus hochwertigen Materialien sowie auf Stabilität. Doch nicht nur der Grill selbst sollte stabil und solide gebaut sein, er sollte in jedem Fall dort, wo er zum Einsatz kommt, sicher stehen. Achten Sie daher darauf, dass der Untergrund dort, wo Sie Ihren Grill kurz- oder langfristig aufbauen, eben ist – nach Möglichkeit sollte es also keine Wiese, sondern ein gepflasterter Platz wie die Terrasse sein. Denn das Spiel mit dem Feuer birgt wie immer im Leben auch Gefahren – sei es durch Funkenflug oder Verbrennung durch Berührung. Dies gilt natürlich umso mehr, wenn zusätzlich abenteuerlustige Kinder um den Grill herumspringen. Mann kann die Augen definitiv nicht immer überall haben. Sorgen Sie darum neben einem sicheren Stand stets dafür, dass der Grill die ganze Zeit über von Ihnen selbst oder einem anderen Erwachsenen überwacht wird. Und für den Fall der Fälle einen Feuerlöscher bereitzuhalten, ist alles andere als albern oder übertrieben. Achtung! Löschen Sie nie mit Wasser, denn die Kombination ist entzündlich und wenn Sie Öl mit Wasser löschen, wirkt das wie ein Brandbeschleuniger!

WAS UNS GLÜHT

BRENNMATERIALIEN

Beim Gasgrill ist es einfach: Das benötigte **Gas** in entsprechenden, mit Propan, Butan oder Erdgas gefüllten (Pfand-)Flaschen unterschiedlicher Größe ist im Baumarkt, im Fachgeschäft für Camping- und Grillbedarf sowie manchmal auch an Tankstellen erhältlich.

Lavasteine gibt es als recht poröse Natursteine und gesinterte Keramiksteine. Sie sind kein Brennmaterial im eigentlichen Sinne, dienen aber in Gasgrills dazu, dass Flammen und Fett keinen direkten Kontakt bekommen, weshalb sie in einer Lage über den Brennern liegen. Sie nehmen die Brennerwärme auf und strahlen diese gleichmäßig wieder ab, damit machen sie indirektes Grillen (siehe Seite 16) möglich. Lavasteine bedürfen der Pflege, denn das Fett muss nach jedem Einsatz ausgebrannt werden, nach 15–20 Einsätzen sollten sie gegen neue ausgetauscht werden.

Bei der **Holzkohle** wird die Entscheidung im Vergleich zum Gas schon kniffliger. Gute Ware in Säcken erkennt Mann an typischen DIN- und TÜV-Siegeln, Registriernummer und Hinweisen auf das verwendete Holz. Hochwertige Holzkohle ist darüber hinaus an einer gleichmäßigen Stückgröße, einem geringen Staubanteil, leicht glänzender Färbung und metallischem Klang zu erkennen. Auf eine Veränderung der Sauerstoffzufuhr reagiert Holzkohle sehr gut, was die Hitze im Grill leicht regulierbar macht.

Briketts bestehen aus gemahlener und anschließend in Form gepresster Holzkohle. Sie haben eine höhere Dichte als Holzkohle, brennen deshalb schwerer an, dafür aber wegen der höheren Dichte und aufgrund ihrer immer gleichen Größe sehr gleichmäßig und länger als Kohle. Zudem erreichen sie im Vergleich eine etwas höhere Temperatur.

FEUER UND FLAMME FÜR DIE GLUT

Wie Mann Frauenherzen entflammen lässt, dazu hat jeder von uns in teils mühsamer und jahrelanger Arbeit eine eigene Technik entwickelt. Das perfekte Anzünden eines Grills ist wesentlich schneller erklärt, lässt sich mit sehr viel weniger Zeitaufwand erlernen und geht vielen mit der richtigen Technik sicherlich unkomplizierter von der Hand.

Wer kennt nicht noch die Zeiten, als mit dem Föhn der bereits für den Mann entflammten Frau die Kohle angeheizt wurde, wobei der Kohlestaub nur so in der Luft flog, während sich der Föhn durch die Hitze von unten verzog und am Ende zwar die Kohle glühte, aber die Frau sauer war.

Heute gibt es glücklicherweise viel nervenschonendere Anzündvarianten, angefangen von speziellen Grillfönen, die in kurzer Zeit die Kohle zum Glühen bringen. Weiterhin gibt es **Anzündwürfel** oder **flüssige Anzünder** – beide bestehen zumeist aus Chemie, brauchen lange zum Anzünden und Würfel schaffen oft nur punktuelle Brandherde.

Ideal ist ein **Anzündkamin:** Er hilft der Kohle dabei, durch den Kamineffekt sicher und schnell in gut 20 Minuten durchzuglühen. Hierbei liegen die Kohlen auf engstem Raum zusammen, durch die Luftschlitze bekommen sie von allen Seiten Sauerstoff und glühen schnell und gleichmäßig durch. Sobald die Kohlen glühen, werden diese auf den Grill gekippt und verteilt. Bei Benutzung eines Kamins sollten Sie in jedem Fall Grillhandschuhe (siehe Seite 14) tragen, da er sehr heiß werden kann.

Ganz wichtig: Beim Anzünden **Finger weg vom Spiritus oder Benzin!** Gerade mit Spiritus können schlimmste Unfälle passieren, wenn die Substanz nachträglich in die Kohlen gegossen wird und sich explosionsartig entzündet.

DAS HANDWERKSZEUG

***

DIE ÜBERSICHT BEHALTEN

Wer sich zur Besorgung der Ausrüstung in die Fachabteilungen begibt, wird von der Vielfalt angebotenen Equipments nahezu überflutet. Ich sage Ihnen: Alles schön und sicherlich nice to have, doch nur einige wenige Utensilien sind wirklich nötig, damit Grillen Spaß macht. Kaufen Sie ausgewählt und achten Sie lieber auf eine gute Qualität der einzelnen Teile. Und die Nice-to-haves lassen Sie sich einfach zum nächsten Geburtstag schenken. Was Sie wirklich brauchen und worauf Sie beim Kauf achten sollen, erzähle ich Ihnen jetzt.

BEVOR ES HEISS WIRD ...

Wie in meiner Männerküche brauche ich auch beim Grillen drei scharfe Messer – ein kleines für Gemüse, ein Sägemesser für Brot und Brötchen sowie ein schönes Santoku, also ein japanisches Allzweckküchenmesser mit breiter Klinge, das zum Schneiden von Fleisch, Fisch und auch Gemüse am Grill gleichermaßen bestens geeignet ist.

Zur Herstellung von Marinaden und Rubs ist neben dem Mann in der Küche und am Grill einer wirklich unentbehrlich – der Mörser samt Stößel. Seine Benutzung ist schon vor dem Startschuss am Grill Part des Workouts, denn hierbei kann Mann durchaus ins Schwitzen geraten. Zwischen Mörsergefäß und Stößel zermahlen und zerreiben Sie Gewürze und Kräuter aller Art zu Pulver und Pasten, Marinaden und Rubs. Denn erst das Aufbrechen der Schalen und Hülsen bringt das Aroma der kleinen Samen, Körner oder anderen festen Gewürzteile so richtig zur Geltung und es kann sich vollständig entfalten. Wie fein der Mörserinhalt zerkleinert wird, bestimmen Sie selbst durch die Aufwendung von weniger oder mehr Druck und Zeit. Ich empfehle den Kauf eines möglichst schweren und nicht allzu kleinen Exemplars zum Beispiel aus Marmor.

In der Küche und später auf dem Grill darf es durchaus spießig zugehen – schließlich gehören Grillspieße mit Fleisch, Fisch und Gemüse zum beliebtesten Grillgut. Ich bevorzuge Schaschlikspieße aus Metall. Falls Sie lieber Spieße aus Bambus oder Holz verwenden möchten, sollten Sie daran denken, sie mindestens 30 Minuten vor Verwendung zu wässern, damit sie später auf dem Grill nicht verbrennen.

WENN ES HEISS HERGEHT ...

Die **Grillschürze** ist bei einem Grillabend das Alleinstellungsmerkmal des Grillmeisters – nur er trägt sie und sie kennzeichnet ihn als Chef am Feuer. Also genau das Richtige für uns Männer! Ob mit oder ohne (Sinn-)Spruch über der Brust, hängt von Ego und Geschmack des Trägers ab. In jedem Fall sollte der Stoff der Grillschürze etwas fester sein als der von gewöhnlichen Küchenschürzen, schließlich ist ihre Aufgabe der Schutz des Körpers nicht nur vor Schmutz und Spritzern, sondern in erster Linie auch vor Glut und Hitze.

Die **Grillhandschuhe** schützen vor Hitze, Fettspritzern und Funkenflug. Mann sollte sie ruhig paarweise anschaffen, schließlich haben Sie ja auch zwei schützenswerte Hände beziehungsweise Unterarme. Ihren Plan, zum Grillen einfach Gartenarbeitshandschuhe zu verwenden, legen Sie direkt wieder ad acta und achten beim Kauf lieber darauf, Exemplare aus hitzebeständigem Material und von ausreichender Länge zum Bedecken großer Teile des Unterarms auszusuchen. Solche Handschuhe lassen sich auch in Geschäften für Berufsbekleidung von Bäckern oder Schweißern finden.

Auch der **Grillrost** will auf das bevorstehende Ereignis richtig und gut vorbereitet sein. An dieser Stelle setze ich natürlich voraus, dass er seit dem letzten Grillabend bestens gereinigt worden ist.

PRO

Stellen Sie sich die **Grillzange** einfach als Verlängerung des männlichen Armes vor, mit deren Hilfe Sie Grillgut sicher auf den Rost bringen, es wenden, verschieben und ihm sicher auf die Teller helfen. Wir sind uns sicher einig, dass sie damit bei der Arbeit am Rost definitiv das wichtigste Werkzeug ist! Sie darf weder zu kurz noch zu lang sein. Bei ausgestrecktem Arm sollten Sie damit auch den hinteren Teil des Grills gut erreichen können. Nehmen Sie vor dem Kauf verschiedene Modelle in die Hand, um zu testen, welche für Sie persönlich die handlichste ist. Achten Sie auf gute Verarbeitung und vernünftige Materialqualität. Von Holzzangen sollte Mann ebenso wie von Plastikzangen die Finger lassen. Auch aus hygienischen Gründen ist eine Zange aus Edelstahl die bessere Alternative. Manche Exemplare sind im vorderen Zangenteil mit Silikon beschichtet, das macht Sinn, denn das Grillgut rutscht nicht so schnell hindurch. Manche Zangen besitzen einen Arretiermechanismus, der manchem auch nach längerem Gebrauch nach dem Zufallsprinzip funktionierend erscheint. Mein Tipp: Um am Grill originell anzusehende Ausdruckstänze zu vermeiden, lesen Sie, wie der Mechanismus funktioniert!

Für manches Grillgut sind anstelle von Grillzangen **Pfannenwender** besser geeignet. Wie bei der Zange empfehle ich, auf den Gebrauch von Exemplaren aus Holz und Plastik zu verzichten. Ein gutes Edelstahlmodell aus der Küchenschublade tut auch am Grill gute Dienste.

Nicht nur zum Fetten von Rost und Grillschale kann Mann auf ihn nicht verzichten, den **Grillpinsel**. Auch zum Bestreichen von Fleisch mit einer Marinade ist er unentbehrlich. Natürlich können Sie den Backpinsel aus der Küchenschublade benutzen. Allerdings besteht bei Pinseln mit Holzgriff wie beim Pfannenwender die Gefahr der Beschädigung durch die Hitze. Zum anderen nehmen Naturborsten unter Umständen den herzhaften Marinadengeschmack an, der beim nächsten Backen eher unerwünscht ist. Deswegen empfehle ich für das Grillen den Gebrauch eines hitzebeständigeren Silikonpinsels.

Kleinteiliges Grillgut grillt Mann – sofern es nicht aufgespießt wurde – in einer **Grillschale** oder auf einer meist gusseisernen **Grillplatte**. Anstelle der Einweg-Aluschalen, deren unsachgemäße Benutzung sogar gesundheitsschädlich sein kann, empfehle ich die Verwendung von Tropf- oder Bratschalen aus Edelstahl. Sie können viele Male verwendet werden und der Reinigungsaufwand lohnt in jedem Fall, denn ihre Benutzung ist gesünder und schont die Umwelt.

Wer sich an große Fleischstücke, heranwagen möchte, der sollte sich ein **Fleischthermometer** zulegen, um mit ihm während des Grillens die Kerntemperatur zu messen.

Um Ihrem Grillgut ein wirklich authentisches Raucharoma zu verleihen, benötigen Sie **Rauchmehl**, **Holzspäne** oder **Chips**, die es im Fach- oder Feinkosthandel in verschiedenen Geschmacks- und Holzsorten zu kaufen gibt.

ZUM ABKÜHLEN UND RUNTERKOMMEN …

Nach dem Grillen ist vor dem Grillen – und werden die Rückstände auf dem Rost nicht entfernt, hinterlassen sie beim nächsten Grillen unschöne Spuren auf dem neuen Grillgut. Darum ist die anschließende Reinigung von Rost und Grill ganz klar abschließender Part des Pflichtteils. Ich empfehle, sie zunächst auszubrennen, dazu den Gas- oder Kohlegrill noch einmal richtig heiß werden lassen, bis sämtliche Rückstände verbrannt sind. Anschließend mit einer Grillbürste alles Angebrannte entfernen. Es ist sinnvoll, auch bei der Reinigung Handschuhe zu tragen, geeignet sind Gartenhandschuhe oder reißfeste Küchenhandschuhe. Von Einweghandschuhen ist abzuraten, da sie bei Berührung der Borsten einer Drahtbürste allzu leicht zerreißen und zudem keinerlei Restwärme von den Händen abhalten. Den Grillrost weichen Sie anschließend – sofern nötig – in einer großen Wasserschüssel oder -wanne über Nacht ein und reinigen ihn am nächsten Tag mit Schwamm und Spülmittel. Alternativ wickelt Mann den Grillrost vor der Reinigung zuvor über Nacht in feuchtes Zeitungspapier ein.

PFLICHTÜBUNGEN

Das Grillen als Garmethode

Wenn ich weiter oben von Grillphilosophie spreche, gilt das natürlich nur im übertragenen Sinne. Denn eigentlich ist das Grillen wie das Kochen, Dämpfen, Pochieren oder Backen nichts anderes als eine Garmethode, um Fleisch, Fisch oder Gemüse zuzubereiten. Das Garen über der heißen Glut ist dabei die älteste – fast so alt wie die Menschheit selbst – und ursprünglichste Form der Zubereitung. Vielleicht auch wegen dieser Archaik sprechen wir gerne von einer Philosophie – weil dem Mann das Hantieren mit Kohle und Feuer quasi in den Genen steckt, er das Spiel mit Temperatur und Zugluft, Hitze und Rauch gerne ritualisiert und gemeinsam mit anderen Exemplaren unserer Spezies genau darüber philosophiert.

Grillen liegt nach wie vor im Trend – darum werden die Techniken zur Zubereitung immer ausgefeilter und längst haben wir uns vom bloßen Würstchenwenden direkt über der Glut verabschiedet. Und so vielfältig die Grillgeräte sind, so vielseitig sind auch die Garmethoden geworden. Ob direktes oder indirektes Grillen, ob auf der Planke gegrillt wird, ob es sich um Sous-vide-Grillen für Fortgeschrittene dreht, ob das Grillgut einfach nur durch die Zugabe von Holzchips mit einem dezenten Raucharoma verfeinert wird oder sogar Eis auf dem Grill landet ... nichts ist mehr unmöglich.

Wie oben bereits erwähnt, richtet sich dieses Buch an die breite Masse grillender Männer. Darum möchte ich Sie im Folgenden passend zu den oben vorgestellten Grilltypen und den im Buch enthaltenen Rezepten auch nur in die Technik des direkten und indirekten Grillens einführen, um im Anschluss kurz noch auf den Umgang mit Räucherspänen und -boxen einzugehen.

Generell ist die Aufteilung der Grillfläche in verschiedene Hitzezonen wichtig, um Fleisch, Fisch und Gemüse bei starker Hitze perfekt scharf anzugrillen, anschließend bei niedrigerer Hitze langsam und in Ruhe fertig zu garen und es in einer noch kälteren Zone nach Bedarf warm zu halten – das nenne ich ideale Grillbedingungen.

DIREKTES GRILLEN

Bei dieser Garmethode wird das Grillgut auf dem Rost direkt über den glühenden Kohlen, einem Brenner des Gasgrills oder der Heizspirale des Elektrogrills bei starker Hitze zwischen 200 und 250 °C gegart. Da dies häufig offen geschieht, sind zu dieser Garmethode tatsächlich alle Grills geeignet. Vergessen Sie aber nicht, am besten noch vor dem Aufheizen den Rost abzunehmen und ihn zu fetten – je heißer er ist, desto schwieriger wird das Einfetten.

Die direkte Hitze eignet sich am besten für kleine Grillgutstücke, die zart sind und rasch garen. Das können neben unseren alten Bekannten, den Würstchen, Hamburgerpattys genauso sein wie Hähnchenbrust, Lammkoteletts, Garnelen oder ein Fischfilet. Ähnlich wie beim scharfen Anbraten in der Pfanne bildet die Oberfläche des Grillguts während des direkten Grillens eine Kruste, unter deren „Schutz" das Innere weitergart. Spätestens hier erkennt Mann allerdings, dass das wirklich nur bei schnell garenden Stücken gut funktionieren kann. Andernfalls ist die Kruste schwarz und verkohlt oder zumindest völlig trocken, bis das Innere gar ist.

INDIREKTES GRILLEN

Im Gegensatz zum direkten Grillen ist die indirekte Hitze der perfekte Partner für alles, was zum Garen länger braucht oder wirklich so empfindlich ist, dass es nur sehr schlecht starke Hitze verträgt. Denken Sie dabei zum Beispiel an sehr fettarme Fleisch- oder auch Fischstücke, die sonst trocken werden, große Braten, ganzes Geflügel oder auch Stücke mit Knochen wie eine Lammkeule. Hier liegen im Grill die Kohlen nur auf einer Seite, während die andere Seite frei bleibt. Sie können auch die Kohlen an den beiden äußeren Seiten aufhäufen und in der Grillmitte eine Lücke für die kältere Zone frei lassen. Eine dritte Möglichkeit zur Anordnung der Kohlen ist das Bilden eines Kohlenrings, in dessen Mitte sich die kältere Zone befindet, wo die Hitze der Glut nur indirekt hingelangt. Entsprechend wird bei einem Gasgrill mit mehreren Brennern ein Brenner – meist der mittlere – ausgeschaltet, über dem dann die indirekte Wärmezone liegt. Bei Elektrogrills ist die Einrichtung kälterer Zonen nur sehr bedingt und bei ausgewählten Modellen möglich.

Wichtig zu wissen ist, dass indirektes Grillen – wie weiter oben schon erwähnt – unbedingt den Einsatz eines Deckels erfordert.

RÄUCHERN MIT SPÄNEN UND RÄUCHERBOX

Die Zugabe von Holzspänen, Chips, Chunks oder Räuchermehl verleiht Ihrem Grillgut neben dem typischen Grillgeschmack ein sehr authentisches Raucharoma. Es gibt sie pur zum Beispiel von Ahorn, Apfel, Buche, Erle, Hickory und Kirsche genauso wie mit Rotwein oder Whisky aromatisiert. Voraussetzung hierfür ist – wie weiter oben bereits ausführlich beschrieben –, dass Ihr Grill einen Deckel besitzt, damit das Grillgut bei geschlossenem Deckel vom Rauch vollständig eingehüllt werden kann. Gegart wird bei Temperaturen zwischen 150 und 230 °C. Mann muss die Späne und Chips vor der Verwendung in jedem Fall ausgiebig wässern, damit sie mehr Rauch abgeben und weniger schnell einfach nur verbrennen. Beim Holzkohlegrill ist zu ihrem Einsatz kein weiteres Equipment nötig, sie werden kurz vor Ende der Garzeit des Grillguts einfach auf die glühenden Kohlen gelegt, wobei für die Berechnung der Garzeit wichtig ist, dass es eine Weile dauern kann, bis sich der Rauch entwickelt. Zum Räuchern auf dem Gasgrill benötigen Sie passend dazu eine Räucher- oder Smoke-Box aus Metall, die Mann mit Mehl, Spänen oder Chips befüllt und in der Nähe eines Brenners platziert.

Egal, ob Sie direktes oder indirektes Grillen mit oder ohne Räuchern bevorzugen – wichtig ist, dass Sie sich selbst die Zeit geben, sich auf Ihren Grill und das Spiel mit dem Feuer einlassen. **Die angegebenen Garzeiten in diesem Buch können immer nur ungefähre Richtwerte sein, denn jeder Grill, jedes Feuer und die darin entstehende Hitze sind anders. Die Angaben zur Grillzeit beziehen sich immer auf die jeweilige Hauptzutat.** Werden zusätzlich (auf dem Herd) andere Dinge zubereitet, so ist diese Dauer in der Zubereitungszeit enthalten.

Tasten Sie sich an die unterschiedlichen Garmethoden heran und vor allem: Bleiben Sie am Ball beziehungsweise Grill, auch wenn einmal etwas nicht gelingt. Denn nur mit anhaltender (männlicher) Neugierde, wachsender Erfahrung und einem Quäntchen Fingerspitzengefühl werden Sie dauerhaft Grillerfolge feiern. Aus meiner Erfahrung kann ich Ihnen sagen: Es lohnt sich!

DIE KÜR BEIM GRILLEN

SELBST GEMACHTE MARINADEN & RUBS

Diese Chance auf gelungene Selbstinszenierung darf Mann sich am Grill nicht entgehen lassen. Der Kniff einer selbst gemachten Würzmischung trägt ganz sicher zum Gelingen dieses Plans bei, denn wesentlich besser als fertig eingelegtes Fleisch schmeckt es, wenn Sie Ihr Grillgut selbst würzen. So können Sie Ihr Essen ganz nach eigenem Geschmack und abwechslungsreich parfümieren. Testen Sie einfach aus, welches Ihre Favoriten sind. Egal, ob Tomatenketchup, Bier, Senf, Knoblauch, Chili oder asiatische Aromen – Ihrer Fantasie sind keine Grenzen gesetzt. Und kneten Sie Grillgut und Marinade zwischendurch ruhig immer wieder durch, das intensiviert das Aroma. Fast alles kann mariniert werden, nur achten Sie bei allem Würzenthusiasmus darauf, dass die Marinade das Fleisch oder den Fisch nicht zu sehr übertüncht, schließlich möchten wir davon auch noch etwas schmecken.

Wichtig: Geben Sie der Marinade und ihren Aromen Zeit, in das Grillgut einzuziehen. Planen Sie hierfür mindestens 1 Stunde Vorlaufzeit ein, bei Fleischgerichten marinieren Sie auch gerne über Nacht.

Eine Bitte noch zum Schluss: Marinieren Sie nach Herzenslust, aber tupfen Sie das Gargut mit Küchenpapier unbedingt trocken, bevor es auf den Grill kommt. So vermeiden Sie, dass Fett in Flamme oder Glut tropft und dort verbrennt.

Lieblingsrubs

Für je 4 Personen • Marinierzeit: mindestens 1 Stunde

TEXAS

- **1 EL feines Meersalz**, **1 EL Rauchsalz**, **2 EL frisch gemahlene oder zerstoßene bunte Pfefferkörner**, **4 EL braunen Zucker**, **2 EL Paprikapulver edelsüß**, **2 EL geräuchertes Paprikapulver**, **1 EL Chiliflocken**, **2 EL Knoblauchpulver**, **1 EL Zwiebelpulver** und **1 EL getrocknete Petersilie** gut verrühren. Für eine Marinade 1 Esslöffel Rub mit 100 Milliliter Rapsöl verrühren.

SPICY

- **2 EL grobes Meersalz**, **2 EL braunen Zucker**, **1 EL Pimentkörner**, **1 EL Koriandersamen**, **1 EL Kardamomsamen** und **1 EL Senfkörner** in einem Mörser zermahlen. Mit **2 EL Paprikapulver edelsüß**, **1 EL Knoblauchpulver**, **1 TL Cayennepfeffer**, **2 EL Chiliflocken ohne Kerne** sowie **1 EL Oregano** vermengen.

Lieblingsmarinaden

Für je 4 Personen • Marinierzeit: mindestens 1 Stunde

HOT CHERRY BBQ

- **1 haselnussgroßes Stück Ingwer** schälen, **2 Knoblauchzehen** abziehen. Beides fein hacken. **3 rote Chilischoten** waschen, längs halbieren und mit Kernen ebenfalls fein hacken. Die vorbereiteten Zutaten mit **2 EL braunem Zucker**, **1 EL feinem Meersalz**, **Abrieb und Saft von 2 Biolimetten**, **100 ml Sojasauce**, **200 ml Kirschsaft** sowie **2 EL braunem Rum** gut verrühren.

SWEET HARMONY BBQ

- **1 Knoblauchzehe** abziehen und fein hacken. Mit **2 EL Honig**, **1 EL braunem Zucker**, **3 EL BBQ-Ketchup**, **1 EL scharfem Senf**, **Abrieb und Saft von 2 Biozitronen**, **100 ml Malzbier (alternativ Altbier)**, **1 TL Cayennepfeffer**, **1 Prise getrocknetem Thymian** sowie **1 EL warmem Wasser** verrühren.

GLOSSY SEAFOOD

- **2 EL Sesamsamen** in einer beschichteten Pfanne ohne Fett bei mittlerer Hitze anrösten. **1 Chilischote** waschen, längs halbieren und mit Kernen fein hacken. **3 Stängel Basilikum** waschen, trocken schütteln und mit **4 Kaffirlimettenblättern** fein schneiden. Die vorbereiteten Zutaten mit dem **ausgekratzten Mark von 1 Vanilleschote**, **Abrieb und Saft von 1 Biolimette**, **1 EL feinem Meersalz**, **1 EL braunem Zucker**, **100 ml Rapsöl** sowie **4 EL Tequila oder Pernod (nach Belieben)** gut verrühren.

SELBST GEMACHTE GRILLBUTTER

Kleiner Aufwand, große Wirkung

Grillbutter darf zum Steak nicht fehlen. Und meist begnügen wir uns mit dem Griff ins Kühlregal des Supermarkts. Damit verschenkt Mann völlig grundlos wichtige Genuss- und Lobpunkte, die nicht einfacher erreicht werden könnten.

Im Kühlschrank ist die Gewürzbutter etwa 10 Tage haltbar. Wer gerne und häufig grillt, dem empfehle ich, für die Saison gleich etwas mehr zu machen. Die Butter portionieren Sie anschließend zu kleinen Kugeln, in Eiswürfelförmchen oder auch zu Rollen, die Sie in Frischhaltefolie einwickeln. Die so vorbereitete Butter frieren Sie ein, füllen sie gefroren portionsweise in Frischhaltebeutel um, frieren sie wieder ein und haben sie so die ganze Saison über griffbereit.

Lieblingsbutter

Für je 4 Personen • Kühlzeit: mindestens 2 Stunden, am besten über Nacht

GRUNDREZEPT FÜR GRILLBUTTER

- **125 g zimmerwarme Butter**, **1 EL Olivenöl** sowie jeweils **1 Prise Salz und Pfeffer** mit den Quirlen des Handrührgeräts etwa 1 Minute cremig aufschlagen. Wer es noch cremiger mag, kann das Ganze auch mit Joghurt oder Frischkäse verfeinern. Zum Schluss etwas **Fleur de Sel** mit einrühren.

BASILIKUM-LIMETTEN-BUTTER

- Die Blätter von 1 Bund Basilikum abzupfen und sehr fein schneiden. **Abrieb von 1 Biolimette**, **Saft von ½ Limette**, **125 g zimmerwarme Butter** und **1 EL Olivenöl** mit den Quirlen des Handrührgeräts etwa 1 Minute cremig aufschlagen, dann mit je **1 Prise Salz und Pfeffer** würzen.

CURRYBUTTER MIT THYMIAN UND ORANGE

- Die Blättchen von 3 Zweigen Thymian abzupfen und fein hacken. Mit **1 TL Currypulver**, **Abrieb von 1 Bioorange**, **1–2 EL Orangensaft**, **125 g zimmerwarmer Butter** und **1 EL Olivenöl** mit den Quirlen des Handrührgeräts etwa 1 Minute cremig aufschlagen, dann mit je **1 Prise Salz und Pfeffer** würzen.

BUTTER MIT AROMEN AUS 1001 NACHT

- **1 Stängel Minze** waschen und trocken schütteln. Die Blätter abzupfen und fein schneiden. Mit **1 Döschen Safranfäden (0,1 g; ersatzweise gemahlener Safran)**, **1 TL Ras el-Hanout**, **1 Prise Cayennepfeffer**, **Abrieb von ½ Biozitrone**, **125 g zimmerwarmer Butter** und **1 EL Olivenöl** mit den Quirlen des Handrührgeräts etwa 1 Minute cremig aufschlagen, dann mit je **1 Prise Salz und Pfeffer** würzen.

TOMATEN-CHILI-BUTTER

- 2–3 eingelegte sonnengereifte Tomatenstücke fein hacken. 1 Chilischote entkernen und fein würfeln. Beides mit 1 EL Tomatenmark, 1 EL Gin, ½ TL geräuchertem Paprikapulver (Pimenton Picante Ahumado oder Pimenton de la Vera), 125 g zimmerwarmer Butter und 1 EL Olivenöl mit den Quirlen des Handrührgeräts etwa 1 Minute cremig aufschlagen, dann mit je 1 Prise Salz und Pfeffer würzen.

KNOBIBUTTER MIT FRISCHEN GARTENKRÄUTERN

- Die Blätter von 1 Bund Gartenkräuter abzupfen und fein hacken. 1–2 Knoblauchzehen abziehen und fein würfeln. Beides mit Abrieb von 1 Biozitrone, 1 Spritzer Tabasco, 1 TL süßem Senf, 1 EL Frischkäse, 1 Prise Fleur de Sel, 125 g zimmerwarmer Butter und 1 EL Olivenöl mit den Quirlen des Handrührgeräts etwa 1 Minute cremig aufschlagen, dann mit je 1 Prise Salz und Pfeffer würzen.

HONIG-SENF-BUTTER

- 2–3 Stängel Estragon sehr fein schneiden. Mit 1 EL Honig, 1 EL grobem Senf, 1 EL Buttermilch, 125 g zimmerwarmer Butter und 1 EL Olivenöl mit den Quirlen des Handrührgeräts etwa 1 Minute cremig aufschlagen, dann mit je 1 Prise Salz und Pfeffer würzen.

GRÜNER-PFEFFER-BUTTER

- 3 Stängel Dill waschen, trocken schütteln und fein schneiden. Mit 1 EL eingelegtem grünem Pfeffer, ½ TL Honig, 1 EL Anisée (z. B. Pernod), 125 g zimmerwarmer Butter und 1 EL Olivenöl mit den Quirlen des Handrührgeräts etwa 1 Minute cremig aufschlagen, dann mit je 1 Prise Salz und Pfeffer würzen.

CRANBERRY-SESAM-BUTTER

- 1 EL Cranberrys grob hacken. 1 TL hellen Sesam in einer beschichteten Pfanne ohne Fett bei mittlerer Hitze goldbraun rösten. Mit 1 TL schwarzen Sesamsamen, 1 EL Sesamöl, Abrieb und Saft von ½ Biolimette, 1 Prise Fleur de Sel, 125 g zimmerwarmer Butter und 1 EL Olivenöl mit den Quirlen des Handrührgeräts etwa 1 Minute cremig aufschlagen, dann mit je 1 Prise Salz und Pfeffer würzen.

MEERRETTICH-BUTTER

- 2 Zweige Rosmarin waschen und trocken schütteln. Die Nadeln abzupfen und hacken. Mit 1 EL frisch geriebenem Meerrettich (alternativ aus dem Glas), 1 EL Schmand, 1 Prise Fleur de Sel, 125 g zimmerwarmer Butter und 1 EL Olivenöl mit den Quirlen des Handrührgeräts etwa 1 Minute cremig aufschlagen, dann mit je 1 Prise Salz und Pfeffer würzen.

HIMBEER-LAKRITZ-BUTTER

- 3 Lakritzschnecken abrollen und sehr fein hacken, 1 Handvoll Himbeeren und 1 Zweig Basilikum waschen, trocken tupfen, Basilikumblätter abzupfen und sehr fein schneiden. 1 EL Schmand, 125 g zimmerwarme Butter und 1 EL Olivenöl mit den Quirlen des Handrührgeräts etwa 1 Minute cremig aufschlagen, die vorbereiteten Zutaten untermengen, dann mit je 1 Prise Salz und Pfeffer würzen.

KRAUSES PETERSILIENBUTTER MIT PFIFF

- 1 Bund krause Petersilie fein hacken, 1 EL bunte Steakpfeffermischung, Abrieb und Saft von ½ Biolimette, 2 EL Whisky, 1 TL Honig, 125 g zimmerwarme Butter und 1 EL Olivenöl mit den Quirlen des Handrührgeräts etwa 1 Minute cremig aufschlagen, dann mit je 1 Prise Salz und Pfeffer würzen.

DIP IT LIKE IT'S HOT

Coole Dips für heiße Grillabende

Zu einem richtigen Grillabend dürfen Dips nicht fehlen. Doch sie sind mehr als nur Beiwerk zum Tunken und Stippen. Sie heben gegrilltes Fleisch, Fisch, Gemüse und Beilagen wie zum Beispiel Brot auf eine höhere Ebene. Hier einige meiner Lieblingsdips.

Lieblingsdips

Für je 4–6 Personen • Zubereitungszeit: 5–15 Minuten

HERREN-DIP

- **1 rote Chilischote** waschen, längs halbieren, entkernen und fein hacken. **1 Knoblauchzehe** abziehen und fein würfeln. Chili und Knoblauch mit **200 g Mayonnaise, 100 g saurer Sahne, 3 EL Apfelmus, ½ TL geräuchertem Paprikapulver (Pimentón Picante Ahumado oder Pimentón de la Vera), 1 EL dunklem Aceto balsamico, 1 EL süßem Senf** und **1 EL Teriyakisauce** verrühren. Mit **Salz** und **Pfeffer aus der Mühle** abschmecken.

DAMEN-DIP

- **1 Bund Petersilie** und **1 Bund Schnittlauch** waschen und trocken schütteln. Den Schnittlauch in feine Röllchen schneiden. Die Petersilienblätter abzupfen und fein hacken. **2 kleine Schalotten abziehen, 2 hart gekochte Eier** schälen. Beides mit **1 EL abgetropften Kapern (in Lake)** fein hacken. Kräuter, Schalotten, Eier und Kapern mit **150 g saurer Sahne, 200 g Schmand, 1 EL grobem Senf, 2 EL hellem Aceto balsamico** und **4 EL Olivenöl** gut verrühren. Mit je **1 Prise Zucker, Salz** und **Pfeffer aus der Mühle** abschmecken.

HUMMUSDIP MIT MINZE UND GRANATAPFEL

- **1 Knoblauchzehe** abziehen und fein würfeln. **1 Dose Kichererbsen (ca. 425 g)** in einem Sieb abspülen, abtropfen lassen und in ein hohes Gefäß geben. Knoblauch, **100 g Tahin (Sesampaste)** und **100 Milliliter Wasser** hinzugeben, mit einem Stabmixer fein pürieren. **3 Stängel Minze** waschen und trocken schütteln. Die Blätter abzupfen und fein schneiden, dann mit **2 EL Granatapfelkernen, 2 EL Limettensaft, 100 g Schmand, 4 EL Olivenöl** und **½ TL Ras el-Hanout** unter den Dip mischen und ihn glattrühren. Mit je **1 Prise Salz** und **Pfeffer aus der Mühle** abschmecken.

MEDITERRANER DIP MIT OLIVEN, BASILIKUM, TOMATEN UND FETAKÄSE

- **1 rote Zwiebel** und **1 Knoblauchzehe** abziehen, je **1 rote und grüne Spitzpaprika** und **1 rote Chilischote** waschen, längs halbieren und entkernen. **3 reife Tomaten** waschen, halbieren und den Stielansatz entfernen. **1 Bund Basilikum** waschen, trocken schütteln und die Blätter abzupfen. **200 g Fetakäse** und **100 g grüne und schwarze Oliven (ohne Stein)** abtropfen lassen. Die vorbereiteten Zutaten fein hacken und mit **8 EL gutem Olivenöl** und dem **Saft von ½ Limette** verrühren. Mit je **1 Prise Zucker, Salz** und **Pfeffer aus der Mühle** abschmecken.

ASIATISCHER DIP MIT ERDNUSSBUTTER

- **2 Schalotten** abziehen. **1 rote Chilischote** waschen, halbieren, entkernen und mit den Schalotten sehr fein hacken. **100 g ungesalzene geschälte Erdnusskerne** ebenfalls fein hacken. Die vorbereiteten Zutaten mit **2 EL Erdnussbutter, 3 EL Erdnussöl, 100 g saurer Sahne, Abrieb und Saft von 1 Biolimette, 1 TL Ahornsirup, 2 EL Sojasauce** und **1 EL Teriyakisauce** verrühren. Mit je **1 Prise Salz** und **Pfeffer aus der Mühle** abschmecken.

ZAZIKICREME MIT GURKENSTREIFEN UND FRISCHEN KRÄUTERN

- **1 Salatgurke** waschen, schälen und auf einer groben Reibe in eine Schüssel raspeln. Mit **1 Prise Salz** bestreuen, leicht vermengen und 10 Minuten ziehen lassen. In der Zwischenzeit **4 Knoblauchzehen** hacken und fein würfeln. Je **1 Bund Schnittlauch** und **Petersilie** waschen und trocken schütteln. Den Schnittlauch in feine Röllchen schneiden. Die Petersilienblätter abzupfen und fein hacken. **500 g griechischen Joghurt, 500 g Speisequark** und **2 EL Olivenöl** gut verrühren. Mit **Salz** und **Pfeffer aus der Mühle** kräftig abschmecken. Die Gurken leicht ausdrücken und ohne Flüssigkeit mit den restlichen Zutaten vermischen.

RUCOLACREME MIT GERÖSTETEN PINIENKERNEN UND TOMATEN

- **2 EL Pinienkerne** in einer beschichteten Pfanne ohne Fett bei mittlerer Hitze goldbraun rösten. In eine Schüssel umfüllen und abkühlen lassen. **1 Bund Rucola** waschen, trocken schleudern und dicke Stiele entfernen. **1 Knoblauchzehe** abziehen und fein würfeln. Die abgekühlten Pinienkerne grob hacken. Die vorbereiteten Zutaten mit **250 g stückigen Tomaten (aus der Dose)** und **400 g Hüttenkäse** verrühren, mit Salz und Pfeffer abschmecken. Mit je **1 Prise Salz** und **Pfeffer aus der Mühle** abschmecken.

ALLES KUHL!
Rind & Kalb
25

STEAKS

klassisch

Vorbereitung: 10 Min. + 30 Min. Marinierzeit • Grillzeit: 8–10 Min. (+ 5 Min. Ruhezeit) • Methode: direkt

Für vier Männer

Für die Steaks:
- 3 Zweige Rosmarin
- 3 Knoblauchzehen
- Abrieb von 1 Biozitrone
- 1 EL dunkler Aceto balsamico
- 8 EL Olivenöl
- Salz
- Pfeffer aus der Mühle
- 4 Rindersteaks (à mind. 250 g; gerne Rumpsteaks)
- Pfefferkörner, grob zerstoßen
- gutes Meersalz

Außerdem:
- Pflanzenöl zum Fetten des Rosts

Zubereitung:

• Den Rosmarin waschen, trocken schütteln und die Nadeln abzupfen. Den Knoblauch abziehen und mit dem Rosmarin fein hacken. Beides mit Zitronenabrieb, Essig und Olivenöl verrühren. Mit je 1 Prise Salz und Pfeffer abschmecken.

• Die Steaks bei Bedarf mit Küchenpapier abtupfen und in einer flachen Auflaufform in der Marinade wenden. Die Form mit Frischhaltefolie abdecken und die Steaks bei Zimmertemperatur ca. 30 Minuten marinieren.

• In der Zwischenzeit den Grill vorbereiten auf direkte Hitze 220 °C, mittlere Rosthöhe und geschlossenen Deckel.

• Die Steaks aus der Marinade heben und mit Küchenpapier trocken tupfen. Den Grillrost einfetten und das Fleisch darauf bei direkter Hitze und geschlossenem Deckel von jeder Seite 4–5 Minuten grillen. Das Fleisch anschließend in der Wärmezone 5 Minuten ruhen lassen (siehe Tipp unten).

• Die Steaks mit grob zerstoßenem Pfeffer und etwas gutem Meersalz gewürzt servieren.

Meine Tipps:

• *Oft liest man den Ratschlag, Fleisch zum Ruhen in Folie einzuwickeln, was jedoch dazu führt, dass die Steaks schwitzen, und das tut weder der Saftigkeit noch den Röstaromen gut. Darum Steaks und Co. auf dem Grill lieber beiseitelegen und in der kälteren Wärmezone des Grills ruhen lassen.*

• *Steaks sollten nie zu dünn geschnitten sein, da jedes Steak unter 3 Zentimetern bekanntlich ein Carpaccio ist.*

– SCHNELLE BEEFRÖLLCHEN –

MIT THAISPARGEL UND MALZBIERMARINADE

Vorbereitung: 20 Min. + 30 Min. Marinierzeit • Grillzeit: 14 Min. • Methode: direkt/indirekt

Für vier Männer

Für Beefröllchen und Thaispargel:
- 500 g Rinderfilet
- 20 Stangen Thaispargel
- 4 EL Olivenöl
- Saft von ½ Limette
- Zucker
- Salz
- Pfeffer aus der Mühle

Für die Marinade:
- 2 Zweige Thymian
- 100 ml Malzbier
- 1 EL Honig
- 2 EL Sojasauce
- 1 EL Senf
- Salz
- Pfefferkörner, grob zerstoßen

Außerdem:
- Fleischklopfer (optional)
- 8 Zahnstocher (siehe Seite 13)
- Pflanzenöl zum Fetten des Rosts

Zubereitung:

• Das Rinderfilet bei Bedarf mit Küchenpapier abtupfen, dann von Fett und Sehnen befreien. Das Fleisch in 4 gleich dicke Scheiben schneiden und zwischen 2 Gefrierbeuteln mit der flachen Seite des Fleischklopfers oder dem Boden einer schweren Pfanne leicht plattieren. Der Durchmesser sollte nun in etwa der Länge der Spargelstangen entsprechen.

• Für die Marinade den Thymian waschen und trocken schütteln. Die Blättchen von den Zweigen zupfen, dann mit Malzbier, Honig, Sojasauce, Senf und je 1 Prise Salz und Pfeffer verrühren. Das Fleisch in einer flachen Auflaufform in der Marinade wenden. Die Form mit Frischhaltefolie abdecken und das Filet bei Zimmertemperatur ca. 30 Minuten marinieren.

• In der Zwischenzeit den Grill vorbereiten auf direkte/indirekte Hitze 180 °C, mittlere Rosthöhe und geschlossenen Deckel. Den Grillrost einfetten.

• Den Thaispargel waschen, untere Enden abschneiden. Die Stangen mit Olivenöl, Limettensaft sowie je 1 Prise Zucker, Salz und Pfeffer einreiben, in eine Aluschale legen und auf dem heißen Grill bei indirekter Hitze und geschlossenen Deckel 6–8 Minuten grillen. Von der Hitze nehmen.

• Die Fleischscheiben aus der Marinade heben – die Marinade aufbewahren –, mit Küchenpapier gut abtupfen und auf der Arbeitsfläche auslegen. Die Spargelstangen darauf quer verteilen, die Fleischscheiben mit der Füllung zu festen Rouladen aufrollen und die Enden mit Zahnstochern fixieren.

• Die Beefröllchen auf dem Rost bei direkter Hitze 3–4 Minuten rundherum grillen, dabei mit der restlichen Marinade mehrfach bepinseln.

Mein Tipp:

• *Die Röllchen lassen sich gut vorbereiten, dann kühl stellen und später auf dem Grill schnell garen.*

RINDERFILET

MIT SALZBLUMEN UND ROTEN PFEFFERBEEREN

Vorbereitung: 5 Min. • Grillzeit: 12–14 Min. • Methode: direkt/indirekt

Für vier Männer

Für das Rinderfilet:
- 4 Rinderfiletmedaillons (à ca. 200 g)
- 2 EL gutes Olivenöl
- 1 TL getrockneter oder frischer Estragon, fein geschnitten
- Fleur de Sel oder Salzflocken
- 4 TL kalte gesalzene Butter
- 2 EL rote Pfefferbeeren, zerstoßen

Außerdem:
- Pflanzenöl zum Fetten des Rosts

Zubereitung:

• Den Grill vorbereiten auf direkte/indirekte Hitze 220 °C, mittlere Rosthöhe und offenen Deckel. Den Grillrost einfetten.

• Die Rinderfiletmedaillons bei Bedarf mit Küchenpapier abtupfen. Das Olivenöl mit dem Estragon verrühren.

• Die Rinderfiletmedaillons auf dem Rost bei direkter Hitze von beiden Seiten je 2 Minuten offen grillen, bis sie Farbe bekommen. Das Fleisch in die Zone indirekter Hitze ziehen, von beiden Seiten mit dem Würzöl bestreichen und mit 1 Prise Fleur de Sel bestreuen, dann von beiden Seiten jeweils 4–5 Minuten weitergrillen.

• Die Rinderfiletmedaillons auf Teller verteilen, mit jeweils 1 Teelöffel Salzbutter belegen und mit 1 Prise Pfefferbeeren bestreut servieren.

Meine Tipps:

• *Wenn Sie gleichzeitig etwas anderes mit geschlossenem Deckel grillen, kann sich die Garzeit verkürzen und auch der Geschmack kann etwas rauchiger werden.*

• *Das Fleisch vor dem Servieren am besten zusätzlich 2–3 Minuten in der Wärmezone ruhen lassen.*

• TOMAHAWK-STEAK •

mit pikanter Mojo und Wildkräutersalat

Vorbereitung: 15 Min. • Grillzeit: 25–30 Min. • Methode: direkt/indirekt

Für vier Männer

Für den Mop:
- 1 EL Ahornsirup
- 2 EL Whisky
- 2 EL Cola
- 2 EL Ketchup
- 1 Prise Cayennepfeffer
- Salz

Für die Mojo:
- 1 EL Pinienkerne
- 2 Tomaten
- 1 Bund Petersilie
- 1 Bund Basilikum
- 1 rote Zwiebel
- 2 Knoblauchzehen
- 4 getrocknete Tomaten (in Öl)
- 2 Scheiben Ciabatta
- 2 EL heller Aceto balsamico
- 150 ml gutes Olivenöl
- Zucker
- Pfeffer aus der Mühle

Für den Salat:
- 100 g Wildkräutersalat
- 3 EL gutes Olivenöl
- 2 EL Mangosaft

Für die Steaks:
- 4 Tomahawk-Steaks mit langem Knochen

Außerdem:
- Rapsöl zum Fetten des Rosts

Zubereitung:

• Den Grill vorbereiten auf direkte/indirekte Hitze 220–250 °C, mittlere Rosthöhe und geschlossenen Deckel. Den Grillrost einfetten.

• Für den Mop Ahornsirup, Whisky, Cola, Ketchup, Cayennepfeffer und 1 Prise Salz verrühren, in einem Topf auf dem Herd aufkochen und bei mittlerer Hitze leicht einkochen.

• In der Zwischenzeit für die Mojo die Pinienkerne in einer beschichteten Pfanne ohne Fett bei mittlerer Hitze goldbraun rösten. In eine Schüssel umfüllen und abkühlen lassen. Die Tomaten waschen, halbieren und den Stielansatz entfernen. Petersilie und Basilikum waschen und trocken schütteln. Die Blätter von den Stängeln zupfen. Zwiebel und Knoblauch abziehen.

• Tomaten, Petersilie, Basilikum, Zwiebel, Knoblauch, Pinienkerne, eingelegte Tomaten und Ciabatta fein hacken, dann mit Essig und Olivenöl verrühren. Mit jeweils 1 Prise Zucker, Salz und Pfeffer abschmecken.

• Den Wildkräutersalat verlesen, waschen und trocken schleudern. Olivenöl und Mangosaft verquirlen. Mit Salz und Pfeffer abschmecken.

• Für die Steaks das Fleisch bei Bedarf mit Küchenpapier abtupfen und mit 1 Prise Salz würzen. Die Steaks auf dem Rost bei direkter Hitze und offenem Deckel von beiden Seiten jeweils 2–3 Minuten goldbraun angrillen, dann in der Zone indirekter Hitze bei 150 °C und geschlossenem Deckel 20–25 Minuten weiter grillen, dabei gelegentlich wenden und immer wieder mit dem Mop bestreichen. Die Steaks in der Wärmezone 5 Minuten ruhen lassen (siehe Tipp Seite 26).

• Den Wildkräutersalat in einer Schüssel mit dem Olivenöl-Mangosaft-Dressing vorsichtig mischen und zusammen mit den Steaks und der Mojo servieren.

FLAPSTEAK

MIT KRÄUTER-SENF-ÖL

Vorbereitung: 10 Min. • Grillzeit: 35 Min. • Methode: direkt/indirekt

Für sechs Männer

Für das Flapsteak:
- 1,8–2 kg Flapsteak im Ganzen (siehe Tipp unten)
- 2–3 EL Olivenöl
- Salz
- 1 Prise Szechuanpfeffer
- Fleur de Sel
- Pfefferkörner, grob zerstoßen

Für das Kräuter-Senf-Öl:
- 1 Bund glatte Petersilie
- 1 Bund Schnittlauch
- ½ Bund Liebstöckel (nach Belieben)
- 200 ml Olivenöl
- 2 EL körniger Senf
- Pfeffer aus der Mühle

Außerdem:
- Rapsöl zum Fetten des Rosts
- Fleischthermometer (optional)

- Zubereitung:

• Den Grill vorbereiten auf direkte/indirekte Hitze 250–300 °C, mittlere Rosthöhe und geschlossenen Deckel. Den Grillrost einfetten.

• Für das Flapsteak das Fleisch ca. 1 Stunde vor dem Grillen aus dem Kühlschrank nehmen, in 2 gleich große Stücke teilen, mit Olivenöl einreiben und wenig salzen. Das Steak auf dem Rost bei direkter Hitze und offenem Deckel von beiden Seiten jeweils 2–3 Minuten mit Gittermuster angrillen, dann mit Szechuanpfeffer würzen und in der Zone indirekter Hitze bei 130 °C und geschlossenem Deckel weitere 30 Minuten grillen, dabei gelegentlich wenden. Wer ein Fleischthermometer benutzt, sollte das Fleisch bei 55–57 °C Kerntemperatur von der Hitze nehmen. Vor dem Servieren das Flapsteak in der Wärmezone 5–6 Minuten ruhen lassen (siehe Tipp Seite 26).

• In der Zwischenzeit für das Kräuter-Senf-Öl Petersilie, Schnittlauch und Liebstöckel waschen und trocken schütteln. Die Blätter von Petersilie und Liebstöckel abzupfen und grob schneiden. Den Schnittlauch in Röllchen schneiden. Kräuter, Öl und Senf verrühren, dann mit etwas Salz und Pfeffer würzen.

• Das Flapksteak quer zur Faser aufschneiden, auf Teller verteilen, mit Fleur des Sel und grob zerstoßenem Pfeffer bestreuen, dann mit Kräuter-Senf-Öl beträufelt still genießen ...

Mein Tipp:

• *Das Flapfleisch stammt aus dem unteren Rippenbereich unterhalb des Brustkorbs. In Deutschland als Bavette, in den USA auch als Sirloin Tip bekannt und in Frankreich unter dem Begriff „Bavette d'Áloyau". Vom Namen her hat das Flapsteak Ähnlichkeit mit dem Flanksteak, allerdings in einem anderen Cut geschnitten, das Fleisch eher grobfaserig – daher immer unbedingt quer zur Faser aufschneiden – und gröber marmoriert. Es empfiehlt sich, das Flapsteak eher langsam zu grillen, denn dann erhält Mann ein butterzartes Stück mit vollmundigen Beefaromen –, das macht es so besonders.*

BRISKET NEW YORK STYLE

mit Röstzwiebelcreme

Vorbereitung: 15 Min. + 8–10 Std. Marinierzeit • Grillzeit: 50 Min. • Methode: indirekt

Für sechs Männer

Für den Rub:
- 1 EL schwarze Pfefferkörner
- 1 EL grüne Pfefferkörner
- 1 EL rote Pfefferbeeren
- 1 EL Szechuanpfeffer
- 1 EL Pimentkörner
- 1 EL Koriandersamen
- 1 EL Chiliflocken
- 1 EL Knoblauchpulver
- 1 EL Ingwerpulver
- 1 EL Fleur de Sel
- 1 Prise Zucker
- Salz
- Pfeffer aus der Mühle

Für das Brisket:
- 1,5–2 kg Rinderbrust im Ganzen

Für die Zwiebelcreme:
- 1 Bund Schnittlauch
- 200 g Frischkäse
- 200 g Schmand
- 80 g Röstzwiebeln

Außerdem:
- Mörser
- Rapsöl zum Fetten des Rosts

Zubereitung:

- Für den Rub alle Pfeffersorten, Piment, Koriander, Chili, Knoblauch und Ingwer im Mörser zerstoßen, dann das Fleur de Sel untermischen.
- Für das Brisket das Fleisch bei Bedarf mit Küchenpapier abtupfen, mit dem Rub einreiben und in einen großen Gefrierbeutel geben. Den restlichen Rub hinzufügen, die Luft aus dem Beutel streichen, den Beutel fest verschließen und das Fleisch über Nacht in den Kühlschrank legen.
- Das Brisket 1–2 Stunden vor dem Grillen aus den Kühlschrank nehmen, dann aus dem Beutel heben und die entstandene Flüssigkeit in einen kleinen Topf umfüllen. Das Fleisch noch einmal mit Küchenpapier abtupfen.
- Den Grill vorbereiten auf indirekte Hitze 150 °C, mittlere Rosthöhe und geschlossenen Deckel. Den Grillrost einfetten.
- Die Rinderbrust auf dem Rost bei indirekter Hitze und geschlossenem Deckel 30 Minuten grillen, dabei gelegentlich wenden. Das Brisket in der Wärmezone weitere 20 Minuten ruhen lassen (siehe Tipp Seite 26).
- In der Zwischenzeit den Marinadensaft einige Minuten sämig einkochen, dann mit Zucker, Salz und Pfeffer abschmecken. Für die Röstzwiebelcreme den Schnittlauch waschen, trocken schütteln und in feine Röllchen schneiden. Frischkäse und Schmand verrühren, Schnittlauch und Röstzwiebeln unterrühren. Mit Salz und Pfeffer abschmecken.
- Das Brisket in Scheiben aufschneiden und zusammen mit der eingekochten Sauce servieren. Die Röstzwiebelcreme separat dazu reichen.

Mein Tipp:

- *Wer möchte, kann beim Garen auch einige Holzchips (siehe Seite 15) dazugeben – so bekommt das Fleisch einen leichten Rauchgeschmack.*

OCHSENKOTELETT

rückwärts mit Johannisbeer-Gurken-Relish

Vorbereitung: 30 Min. + 1–2 Std. Marinierzeit • Grillzeit: 1 Std. 10–16 Min. • Methode: indirekt

Für sechs Männer

Für den Rub:
- 2 EL bunte Pfeffermischung
- ½ TL Fenchelsamen
- ¼ TL Koriandersamen
- 1 TL Rauchsalz
- 1 TL frische Rosmarinnadeln, gehackt
- 1 TL geräuchertes Paprikapulver
- Abrieb von 1 Biolimette

Für das Kotelett:
- 2 Ochsenkoteletts (à ca. 1,6 kg)
- 6 EL Olivenöl

Für das Relish:
- 100 g Rote Johannisbeeren
- 100 g Schwarze Johannisbeeren
- 2 Salatgurken
- 3 Schalotten
- 1 rote Chilischote
- 1 Bund glatte Petersilie
- 2 Stängel Koriandergrün
- 5 EL heller Aceto balsamico
- 4 EL Ananassaft
- 2–3 EL brauner Zucker
- 1 EL süßer Senf

Zubereitung:

- Für den Rub Pfeffer, Fenchel und Koriander in einem Mörser zerstoßen, dann mit Rauchsalz, Rosmarin, Paprika und Limettenabrieb mischen. Für das Fleisch die Ochsenkoteletts bei Bedarf mit Küchenpapier abtupfen, mit Olivenöl einpinseln, mit dem Rub gut einreiben und abgedeckt bei Zimmertemperatur 1–2 Stunden ruhen lassen.

- Den Grill vorbereiten auf indirekte Hitze 65 °C, mittlere Rosthöhe und geschlossenen Deckel. Den Grillrost einfetten.

- Beide Ochsenkoteletts auf dem Knochen stehend quer zum Gitter auf dem Rost bei indirekter Hitze und geschlossenem Deckel 1 Stunde garen.

- In der Zwischenzeit für das Relish die Johannisbeeren waschen und von den Stielen zupfen. Die Gurken waschen, schälen, längs vierteln und ohne Kerne in feine Würfel schneiden. Die Schalotten abziehen und fein würfeln. Die Chili waschen, längs halbieren, entkernen und ohne Stielansatz fein hacken. Petersilie und Koriander waschen und trocken schütteln. Grobe Stängel entfernen und die Blätter fein schneiden. Alles in einer Schüssel mischen, dann mit Essig, Ananassaft, Zucker und Senf verrühren. Die Schüssel abdecken und das Relish gut 1 Stunde ziehen lassen.

- Für den Lack alle Zutaten in einem Topf auf dem Herd langsam sirupartig einkochen.

- Nach 1 Stunde Garzeit der Ochsenkoteletts die Grilltemperatur auf 220 °C erhöhen und das Fleisch bei weiterhin indirekter Hitze und geschlossenem Deckel pro Fleischseite 5–8 Minuten grillen, dabei immer wieder mit dem Lack bestreichen. Wer ein Fleischthermometer benutzt, sollte das Fleisch bei 55–58 °C Kerntemperatur von der Hitze nehmen. Vor dem Servieren das Kotelett in der Wärmezone 6–8 Minuten ruhen lassen (siehe Tipp Seite 26).

- Die Ochsenkoteletts aufschneiden und mit dem Relish servieren.

Für den Lack:
- 200 ml brauner Rum
- 2 EL Sojasauce
- 1 EL Teriyakisauce
- Abrieb und Saft von 1 Biozitrone
- 3 EL Zuckerrübensirup
- 1 EL Kirschkonfitüre
- 2 Spritzer Tabasco

Außerdem:
- Mörser
- Rapsöl zum Fetten des Rosts
- Fleischthermometer (optional)

Meine Tipps:

- *Wenn Gäste da sind, ist der Grill häufig schon mit kleinen Köstlichkeiten belegt und die großen Teile, die zum Garen länger und vielleicht auch eine geringere Temperatur brauchen, finden dort schlecht Platz. Das Problem kann Mann elegant umschiffen, indem er die großen Stücke im Backofen bei derselben Temperatur langsam vorgart beziehungsweise rückwärts gart und später zum Finish auf dem Grill nur noch kurz angrillt.*

- *Das Ochsenkotelett – auch als Côte de Bœuf oder Hohe Rippe bekannt – sollte beim Kauf schön abgehangen sein. Meist liegt eine Scheibe bei 1,5–2 kg Gewicht und reicht für 4 Personen oder 3 Männer.*

- *Wer das Ochsenkotelett auch mal außerhalb der Grillzeit zubereiten möchte, dem empfehle ich, das gute Stück bei Niedrigtemperatur bzw. 80 °C Ober-/Unterhitze (Umluft nicht empfehlenswert, Gas Stufe ½) im Ofen etwa 40 Minuten langsam vorzugaren und dann in einer heißen Pfanne von beiden Seiten in etwas Butterschmalz scharf anzubraten. Mit etwas feinem Meersalz und gestoßenem Pfeffer würzen und servieren.*

KALBSRÖLLCHEN

MIT SALBEI UND ROTWEINBUTTER

Vorbereitung: 30 Min. • Grillzeit: 15 Min. • Methode: indirekt

Für vier Männer

Für die Rotweinbutter:
- 2 Schalotten
- ½ Knoblauchzehe
- 100 ml Rotwein
- 60 ml Portwein
- 1 EL Pfefferkörner
- 4 Pimentkörner
- ½ Bund Thymian
- 250 g Butter
- 1 TL brauner Zucker
- 1 TL Honig
- 1 TL dunkler Aceto balsamico
- Salz
- Pfeffer aus der Mühle
- 4 Scheiben Sandwichtoast

Für die Kalbsröllchen:
- 8 Kalbsschnitzel (à 100 g)
- 16 Salbeiblätter
- 16 Scheiben Pancetta (ital. Schinkenspeck)

Außerdem:
- Mörser
- Fleischklopfer (optional)
- Zahnstocher (siehe Seite 13)
- Rapsöl zum Fetten des Rosts

Zubereitung:

• Den Grill vorbereiten auf indirekte Hitze 200–220 °C, mittlere Rosthöhe und geschlossenen Deckel. Den Grillrost einfetten.

• Für die Rotweinbutter Schalotten und Knoblauch abziehen und fein würfeln. Den Knoblauch beiseitestellen, die Schalotten mit Rotwein und Portwein in einem Topf bei mittlerer Hitze auf die Hälfte der Flüssigkeitsmenge einkochen. Den Topf vom Herd ziehen und die Mischung auskühlen lassen.

• In der Zwischenzeit Pfeffer- und Pimentkörner im Mörser zerstoßen. Den Thymian waschen und trocken schütteln. Die Blättchen abzupfen und fein hacken, dann mit der Butter, der abgekühlten Rotweinmischung, dem Mörserinhalt, dem Knoblauch sowie Zucker, Honig und Essig verrühren. Mit Salz und Pfeffer nachschmecken.

• Die Toastscheiben fein hacken. 4 Esslöffel Rotweinbutter abnehmen und mit den Toastbröseln mischen. Die restliche Butter in einer Schüssel im Kühlschrank kalt stellen.

• Für die Röllchen die Kalbsschnitzel bei Bedarf mit Küchenpapier abtupfen und nacheinander zwischen 2 Gefrierbeuteln mit der flachen Seite des Fleischklopfers oder dem Boden einer schweren Pfanne leicht plattieren.

• Ein Plastik-Küchenbrett oder ein Backblech mit Salz und Pfeffer bestreuen und die Fleischscheiben nebeneinander auflegen. Das Fleisch einseitig mit der Toastbrot-Rotwein-Butter bestreichen und je zwei Salbeiblätter einlegen. Die Scheiben stramm aufrollen, mit dem Pancetta umwickeln und die Enden mit Zahnstochern fixieren.

• Die Kalbsröllchen auf dem Rost bei indirekter Hitze und geschlossenem Deckel 15 Minuten grillen, dabei gelegentlich wenden.

• Die Salbei-Kalbsröllchen auf Teller verteilen und mit der restlichen Rotweinbutter servieren.

CORDON BLEU

vom Flanksteak auf schnellem Bruschettasalat

Vorbereitung: 30 Min. • Grillzeit: 30 Min. • Methode: direkt/indirekt

Für vier Männer

Für das Cordon bleu:
- 1 Flanksteak (ca. 800 g)
- 100 g Brombeeren
- 2 rote Zwiebeln
- 2 EL Zucker
- 2 EL Portwein
- 3 EL rauchig-süße BBQ-Sauce
- 200 g würziger Käse (z.B. Gruyère, Tilsiter, Gorgonzola oder reifer Harzer Käse)
- Salz
- Pfeffer aus der Mühle

Für den Bruschetta-salat:
- 3 Bruschettabrötchen
- 4 Tomaten
- 1 Salatgurke
- 2 rote Zwiebeln
- 12 kleine Kapernäpfel mit Stiel
- 3–4 EL gutes Olivenöl
- 1 Spritzer Zitronensaft

Außerdem:
- 1–2 Metall-Schaschlik-spieße
- Rapsöl zum Fetten des Rosts

Zubereitung:

- Den Grill vorbereiten auf direkte/indirekte Hitze 200 °C, mittlere Rosthöhe und geschlossenen Deckel. Den Grillrost einfetten.

- Für das Cordon bleu das Flanksteak bei Bedarf mit Küchenpapier abtupfen. Die Brombeeren waschen. Die Zwiebeln abziehen und in Streifen schneiden. Brombeeren, Zwiebeln, Zucker, Portwein und 50 Milliliter Wasser in einem Topf bei mittlerer Hitze einige Minuten einkochen, bis die Flüssigkeit zu karamellisieren beginnt. Von der Hitze nehmen und durch ein feines Sieb gießen, dabei den Sud in einer Schüssel auffangen. Den Sud mit der BBQ-Sauce verrühren. Zwiebeln auskühlen lassen.

- Den Käse in Streifen schneiden und mit den Zwiebeln mischen. Am Flanksteak seitlich eine Tasche einschneiden, die Zwiebel-Käse-Masse hineinfüllen und die Tasche mit 1–2 Schaschlikspießen verschließen.

- Das Flanksteak auf dem Rost bei direkter Hitze und geschlossenem Deckel 5–6 Minuten angrillen, bis es Farbe genommen hat. Das Fleisch mit Salz und Pfeffer würzen, in die Zone indirekter Hitze ziehen, die Temperatur auf 150 °C reduzieren und die Steaks bei geschlossenem Deckel ca. 20 Minuten grillen, dabei immer mal wieder wenden. Vor dem Anschneiden und Servieren das Flanksteak in der Wärmezone 5–10 Minuten ruhen lassen (siehe Tipp Seite 26).

- In der Zwischenzeit für den Salat die Brötchen in mundgerechte Würfel schneiden. Die Tomaten waschen, halbieren und ohne Stielansatz in Spalten oder Stücke schneiden. Die Gurke waschen und schälen. Die Zwiebeln abziehen, beides in Würfel schneiden. Brötchenwürfel, Tomaten, Gurke, Zwiebeln und Kapernäpfel in einer Schüssel mischen. Mit Olivenöl, Zitronensaft, Salz und Pfeffer abschmecken.

- Das Cordon bleu vom Flanksteak aufschneiden und zusammen mit dem Salat servieren.

ENTRECÔTE-BURGER

DRY AGED

Vorbereitung: 30 Min. • Grillzeit: 6–8 Min. • Methode: direkt

Für vier Männer

Für die Sauce:
- 1 Knoblauchzehe
- 1 Chilischote
- ½ Vanilleschote
- 2 EL Hoisinsauce
- 2 EL Sojasauce
- 1 EL Zitronensaft
- 8 EL Tomatenketchup

Für die Burger:
- 4–8 Scheiben Bacon
- 600 g Dry Aged Entrecôte, vom Metzger frisch gewolft
- Salz
- Pfeffer aus der Mühle
- 1–2 große Zwiebeln
- 2 EL Olivenöl
- 1 Prise Zucker
- 1 Salatherz
- 2 Tomaten
- 150 g Mayonnaise
- 2 EL Trüffelöl
- Abrieb von 1 Biolimette
- 4 Sesam-Burger-Buns
- geriebener Käse (nach Belieben)
- Jalapeños (eingelegt; nach Belieben)

Außerdem:
- Grillschale (siehe Seite 15)
- Rapsöl zum Fetten von Pattys und Rost

Zubereitung:

- Den Backofen auf 170 °C Umluft (190 °C Ober-/Unterhitze, Gas Stufe 3) vorheizen. Den Grill vorbereiten auf direkte Hitze 200–220 °C, mittlere Rosthöhe und geschlossenen Deckel. Den Grillrost einfetten.

- Für die Sauce den Knoblauch abziehen und durchpressen oder hacken. Die Chilischote waschen, längs halbieren, entkernen und fein hacken. Die Vanilleschote der Länge nach einritzen und das Mark herauskratzen. Knoblauch, Chili und Vanillemark mit Hoisinsauce, Sojasauce, Zitronensaft und Ketchup verrühren. Die Sauce in einem Topf auf dem Herd aufkochen und bei mittlerer Hitze etwa 5 Minuten köcheln lassen, dann von der Hitze nehmen.

- Die Baconscheiben für den Burger durch die Sauce ziehen, auf einem Bogen Backpapier verteilen und im heißen Backofen etwa 25 Minuten von beiden Seiten langsam kross werden lassen.

- In dieser Zeit das Hackfleisch mit Salz und Pfeffer würzen, gut durchkneten, zu 4 gleich großen Pattys formen und flach drücken – sie sollten jetzt ca. 1 Zentimeter größer als die Burger-Buns sein. Die Zwiebeln abziehen, in sehr dünne Ringe schneiden, in einer Grillschale mit 1 Esslöffel Olivenöl, Zucker und Salz vermengen und auf dem Grill über der direkten Hitze offen karamellisieren, dabei regelmäßig rühren. Die Salatblätter vom Herzen lösen, waschen und trocken schleudern. Die Tomaten waschen und ohne Stielansatz quer in dünne Scheiben schneiden. Mayonnaise, Trüffelöl und Limettenabrieb verrühren. Mit Salz und Pfeffer abschmecken.

- Die Pattys mit wenig Öl einpinseln und auf dem Rost bei direkter Hitze und geschlossenem Deckel pro Seite je nach bevorzugtem Garpunkt 3–4 Minuten grillen. Vor dem Servieren die Pattys in der Wärmezone 2–3 Minuten ruhen lassen (siehe Tipp Seite 26).

- Die Buns halbieren, innen mit etwas Olivenöl einpinseln und kurz angrillen. Die Hälften von innen mit Trüffelmayo bestreichen, dann die untere Hälfte mit Salat, Tomaten, Patty, etwas Sauce, Bacon und Zwiebeln belegen. Nach Belieben mit etwas Käse und geschnittenen Jalapeños bestreuen.

- Die obere Brötchenhälfte auflegen und die Burger servieren.

CHÂTEAU-BURGER

MIT FEIGEN UND GORGONZOLA

Vorbereitung: 20 Min. • Grillzeit: 4–6 Min. • Methode: direkt

Für vier Männer

Für die Sauce:
- 100 ml kräftiger Rotwein
- 6 EL Ketchup
- 2 EL Sojasauce
- 2 EL Zuckerrübensirup
- 1 Prise Zucker
- Salz
- Pfeffer aus der Mühle

Für die Burger:
- 4 Rinderfiletsteaks (à ca. 130 g)
- 3–4 EL Olivenöl
- 2 Feigen
- 100 g Gorgonzola oder Roquefort
- 4 Blätter Radicchio
- 4 Schalotten
- 4 Baguettebrötchen
- 1 EL Olivenöl
- 2 EL Feigensenf

Außerdem:
- Rapsöl zum Fetten des Rosts

Zubereitung:

- Den Grill vorbereiten auf direkte Hitze 200–220 °C, mittlere Rosthöhe und geschlossenen Deckel. Den Grillrost einfetten.

- Für die Sauce Rotwein, Ketchup, Sojasauce und Zuckerrübensirup verrühren, in einem Topf auf dem Herd aufkochen und bei mittlerer Hitze 6–8 Minuten sämig einkochen, dann von der Hitze nehmen. Mit Zucker, Salz und Pfeffer abschmecken.

- Für die Burger die Rinderfilets bei Bedarf mit Küchenpapier abtupfen, etwas flach drücken und mit Olivenöl einpinseln. Die Feigen waschen und in Scheiben schneiden. Den Käse in kleine Stücke schneiden. Den Radicchio waschen und die Blätter trocken schleudern. Die Schalotten abziehen und in dünne Ringe schneiden.

- Die Rinderfilets auf dem Rost bei direkter Hitze von beiden Seiten jeweils 2–3 Minuten grillen. Das Fleisch in die Wärmezone ziehen, mit Salz und Pfeffer würzen und einige Minuten ruhen lassen.

- In der Zwischenzeit die Brötchen aufschneiden, innen mit etwas Olivenöl einpinseln und auf dem Grill von allen Seiten rösten.

- Die Innenseite der unteren Brötchenhälften mit Feigensenf bestreichen, mit Radicchio, Feigen und Gorgonzola belegen und die Filets auflegen. 1 Klecks Burgersauce aufsetzen, die Schalotten darauf verteilen und die oberen Brötchenhälften auflegen.

- Die Burger sofort servieren. Dazu ein guter Rotwein – Mann braucht nicht mehr!

YOU WILL NEVER

. . . walk alone

Vorbereitung: 30 Min. • Grillzeit: 4–6 Min. • Methode: indirekt

Für vier Männer

Für die Sauce:
- 1 Stück Ingwer (2 cm)
- 2 Knoblauchzehen
- 1 Chilischote
- 3 EL Honig
- 8 EL Ketchup
- 3 EL Sojasauce
- 3 EL Aceto balsamico
- 100 ml Ananassaft
- 3 EL Whisky
- ½ TL Rauchsalz
- 1 Prise Zucker, Salz

Für die Creme:
- 4 EL Mayonnaise
- 4 EL Pesto

Für die Burger:
- 1 Bauernbaguette
- 1 Bund glatte Petersilie
- 600 g Rinderhackfleisch
- 3 EL scharfer Senf
- Pfeffer aus der Mühle
- 2 EL Olivenöl
- 4 Blätter Kopfsalat
- 2 Tomaten
- 8 Gewürzgurken
- 2 rote Zwiebeln, 4 Eier
- 4 Jalapeños (eingelegt)
- 100 g Cheddar, gerieben

Außerdem:
- Rapsöl zum Fetten von Rost und Grillplatte

Zubereitung:

- Den Grill vorbereiten auf direkte Hitze 200–220 °C, mittlere Rosthöhe und geschlossenen Deckel. Den Grillrost einfetten.

- Für die Sauce den Ingwer schälen. Den Knoblauch abziehen. Die Chili waschen, längs halbieren und entkernen. Ingwer, Knoblauch und Chili fein hacken, mit Honig, Ketchup, Sojasauce, Essig, Ananassaft, Whisky und Rauchsalz verrühren, in einem Topf auf dem Herd aufkochen und bei mittlerer Hitze 6–8 Minuten sämig einkochen, dann von der Hitze nehmen. Mit Zucker und Salz nachschmecken. Für die Creme Mayonnaise und Pesto verrühren. Mit Salz und Pfeffer abschmecken.

- Für den Burger das Baguette in vier gleich große Stücke schneiden. Die Petersilie waschen und trocken schütteln. Die Blätter abzupfen und fein hacken. Das Rinderhackfleisch mit Petersilie und 1 Esslöffel Senf gut durchkneten. Mit Salz und Pfeffer würzig abschmecken. Die Masse zu 4 gleich großen Pattys formen und flach drücken – sie sollten etwas größer als die Baguettestücke sein. Mit Olivenöl gut einpinseln.

- Die Salatblätter waschen und trocken schleudern. Die Tomaten waschen und ohne Stielansatz quer in Scheiben schneiden. Die Gewürzgurken der Länge nach in Scheiben schneiden. Die Zwiebeln abziehen und in dünne Ringe schneiden – das geht am besten über die Aufschnittmaschine oder mit einem Gemüsehobel.

- Die Pattys auf dem Rost bei direkter Hitze und geschlossenem Deckel von jeder Seite 2–3 Minuten grillen. Das Fleisch in die Wärmezone ziehen und einige Minuten ruhen lassen. In dieser Zeit die Eier auf einer leicht gefetteten Grillplatte oder in der Pfanne als Spiegelei braten. Mit Salz und Pfeffer würzen. Die Baguettestücke auf den Innenseiten mit Olivenöl einpinseln und auf dem Grill von allen Seiten rösten.

- Die unteren Brothälften gut mit der Creme einstreichen, mit Salat, Tomaten, Zwiebeln und Jalapeños belegen, die Pattys auflegen, mit Sauce nappieren, Spiegeleier aufsetzen und mit reichlich Cheddar bestreuen. Die Innenseite der oberen Brothälften mit restlichem Senf bestreichen, die Brotdeckel auflegen und die Burger mit einem kühlen Bier und wenigen Worten genießen.

SAU, LECKER!

Alles vom Schwein

49

MEATBALLS

MIT CHEDDAR UND CHILI

Vorbereitung: 20 Min. + 1 Std. Kühlzeit • Grillzeit: 20–25 Min. • Methode: indirekt

Für vier Männer

Für die Füllung:
- 200 g Cheddar
- 2 grüne Chilischoten
- 1 EL Rum

Für die Meatballs:
- 3 Stängel Petersilie
- 1 Stängel Koriandergrün
- 800 g gemischtes Hackfleisch (Rind und Schwein)
- 2 EL scharfer Senf
- 2 EL Semmelbrösel
- 100 g Sahne
- 1 TL geräuchertes Paprikapulver
- 1 EL Paprikapulver edelsüß
- 1 Prise Cayennepfeffer
- Salz
- Pfeffer aus der Mühle
- 2–3 EL Olivenöl
- BBQ-Sauce zum Servieren

Außerdem:
- kleine eckige Vorratsdose
- Eisportionierer
- Rapsöl zum Fetten des Rosts

Zubereitung:

- Für die Füllung den Käse in einem Topf auf dem Herd bei schwacher Hitze langsam schmelzen. Die Chilis waschen, längs halbieren, entkernen, fein hacken und mit dem Rum zum Käse geben. Eine kleine eckige Vorratsdose mit Wasser ausspülen, etwas Frischhaltefolie hineinlegen und an die Ränder drücken. Die flüssige Käsemasse hineingießen und die Dose leicht auf einen Tisch klopfen, damit sich die Masse in alle Ecken verteilt. Im Kühlschrank mindestens 1 Stunde kalt stellen.

- Den Grill vorbereiten auf indirekte Hitze 140–150 °C, mittlere Rosthöhe und geschlossenen Deckel. Den Grillrost einfetten.

- Für die Meatballs Petersilie und Koriander waschen und trocken schütteln. Die Blätter abzupfen und fein hacken. Hackfleisch, Petersilie, Koriander, Senf, Semmelbrösel, Sahne, beide Paprikapulver und Cayennepfeffer in einer Schüssel gut durchkneten. Mit Salz und Pfeffer abschmecken.

- Mit einem Eisportionierer von der Masse Bällchen abnehmen, mit angefeuchteten Händen zu Kugeln formen und leicht flach drücken. Den Käse aus der Form nehmen und in 1 x 1 Zentimeter große Würfel schneiden. Je 1 Würfel in die Mitte der Hackfleischtaler legen, die Masse rund um den Käse wieder zusammendrücken und zu Kugeln formen. Die Bällchen in einer Grillschale rundherum mit Olivenöl einölen.

- Die Meatballs auf dem Rost bei indirekter Hitze und geschlossenem Deckel je nach Größe von allen Seiten 20–25 Minuten grillen.

- Die Meatballs auf einer Platte anrichten und mit der BBQ-Sauce servieren. Die übrigen Käsewürfel separat dazu reichen.

Meine Tipps:

- *Die Hackfleischmasse nicht zu scharf abschmecken – das „Brennen“ soll schon der Käse übernehmen!*

- *Für einen noch herzhafteren Geschmack die Hackfleischbällchen schon während des Grillens nach Belieben immer mal wieder mit etwas BBQ-Sauce einpinseln.*

SCHWEINEKARREE

mit Limettenkruste und süßer Chilisauce

Vorbereitung: 15 Min. + 30 Min. Kühlzeit • Grillzeit: 2 Std. 30 Min. • Methode: direkt/indirekt

Für vier Männer

Für die Sauce:
- 200 ml Ananassaft
- 2 EL Aprikosenkonfitüre
- 2 EL Chiliflocken
- 1 EL Ingwer, fein gehackt
- 1 EL Teriyakisauce
- 100 ml dunkler Aceto balsamico
- 1 EL brauner Zucker
- Salz

Für das Karree:
- 1,8 kg Karree mit Knochen (z. B. vom Ibericoschwein)
- 5 EL Pistazienkerne
- 5 EL Erdnusskerne
- 5 EL Cashewkerne
- 5 Kaffirlimettenblätter
- 2 EL frische Thymianblätter
- 2 EL bunte Pfefferkörner
- 1 EL grobes Meersalz
- Abrieb von 1 Biolimette
- 100 g Butter, zimmerwarm

Außerdem:
- Alufolie
- Rapsöl zum Fetten des Rosts
- Fleischthermometer

Zubereitung:

• Für die Sauce Ananassaft, Aprikosenkonfitüre, Chiliflocken, Ingwer, Teriyakisauce, Essig, Zucker und 1 Prise Salz in einem kleinen Topf auf dem Herd kurz erhitzen. Von der Hitze nehmen, kurz abkühlen lassen und im Kühlschrank kalt stellen.

• Das Schweinekarree kalt abspülen und mit Küchenpapier trocken tupfen. Die Knochen einzeln mit etwas Alufolie einwickeln. Das Karree halbieren und mit Salz würzen. Pistazien-, Erdnuss- und Cashewkerne in einer beschichteten Pfanne ohne Fett leicht anrösten. Die Kerne mit Kaffirlimettenblättern, Thymian, Pfefferkörnern und Meersalz in der Küchenmaschine oder im Blitzhacker zerkleinern oder sehr fein hacken. Die Masse mit Limettenabrieb und Butter sorgfältig mischen. Noch einmal mit Salz abschmecken.

• Ein größeres Stück Alufolie auf der Arbeitsfläche ausbreiten und die Butter darauf mittig in der Größe des Fleischs gleichmäßig dick rechteckig verteilen. Die Butter samt Folie mindestens 30 Minuten im Tiefkühlfach kalt stellen.

• In der Zwischenzeit den Grill vorbereiten auf direkte/indirekte Hitze 150–160 °C, mittlere Rosthöhe und geschlossenen Deckel. Den Grillrost einfetten.

• Das Fleisch auf dem Rost über der direkten Hitze von beiden Seiten je 2–3 Minuten angrillen, bis eine schöne bräunliche Kruste entsteht. Das Fleisch in die Zone indirekter Hitze ziehen, die Temperatur auf 150 °C reduzieren und das Karree auf der Knochenseite bei geschlossenem Deckel 50–60 Minuten grillen, dabei zwischendurch immer mal wieder wenden.

• Wenn das Fleisch eine Kerntemperatur von 50 °C erreicht hat, vom Grill nehmen. Die kühlschrankkalte Butter auf Karreegröße zurechtschneiden, auf die Fleischseite des Karrees auflegen und leicht andrücken. Das Fleisch wieder auf den Grill legen und langsam weitere 90 Minuten indirekt grillen, bis es eine Kerntemperatur von ca. 64 °C erreicht hat. Das Fleisch vor dem Servieren in der Wärmezone ca. 10 Minuten ruhen lassen (siehe Tipp Seite 26).

• Das Schweinekarree zwischen den Knochen in Koteletts aufschneiden und mit der Chilisauce servieren.

KROSSER SCHWEINEBAUCH

MIT BROMBEERLACK UND TASMANISCHEM PFEFFER

Vorbereitung: 20 Min. + 1–2 Std. (am besten über Nacht) Marinierzeit • Grillzeit: 4 Std. • Methode: indirekt

Für vier Männer

Für den Schweinebauch:
- 1 kg Schweinebauch
- 1–2 EL BBQ-Gewürz
- ca. 200 ml Apfelsaft
- Tasmanische Bergpfefferkörner zum Bestreuen, grob zerstoßen

Für den Brombeerlack:
- 2 Schalotten
- 1 Knoblauchzehe
- 1 rote Chilischote
- 1 TL Pfefferkörner
- ½ TL Koriandersamen
- ½ TL Fenchelsamen
- 500 g Brombeeren (frisch oder TK-Ware)
- 4 EL Olivenöl
- 2 Kaffirlimettenblätter
- 1 Lorbeerblatt
- 100 ml dunkler Aceto balsamico
- 1 EL Zuckerrübensirup
- 1 EL Ahornsirup
- 1 EL brauner Zucker
- 1 TL Rauchsalz

Außerdem:
- Grillschale (siehe Seite 15)
- Rapsöl zum Fetten der Grillschale

Zubereitung:

- Den Schweinebauch kalt abspülen und mit Küchenpapier trocken tupfen. Die Schwarte mit einem großen scharfen Messer rautenförmig einritzen, aber nicht bis ins Fleisch schneiden. Den Schweinebauch mit BBQ-Gewürz gut einreiben, in Frischhaltefolie einwickeln und mindestens 1–2 Stunden, am besten über Nacht marinieren, dabei das Paket mit einem Topf beschweren.

- Den Grill vorbereiten auf indirekte Hitze 120–130 °C, mittlere Rosthöhe und geschlossenen Deckel.

- Den Schweinebauch aus der Folie nehmen, mit der Schwarte nach oben in eine leicht gefettete Grillschale legen, 100 Milliliter Apfelsaft angießen und das Fleisch in der Schale auf dem Grill bei indirekter Hitze und geschlossenem Deckel 4 Stunden low and slow grillen, bei Bedarf mehr Apfelsaft angießen.

- In der Zwischenzeit für den Brombeerlack Schalotten und Knoblauch abziehen und grob schneiden. Die Chili waschen, längs halbieren, entkernen und grob hacken. Pfeffer, Koriander und Fenchel in einem Mörser fein zerstoßen. Die zerstoßenen Gewürze mit Schalotten, Knoblauch, Chili, Brombeeren, Olivenöl, Limettenblättern, Lorbeer, Essig, beiden Sirupsorten, Zucker und Rauchsalz in einem hohen Gefäß mit dem Stabmixer oder im Standmixer zerkleinern. Die Masse in einem kleinen Topf auf dem Herd bei mittlerer Hitze 10–12 Minuten sirupartig einkochen. Mit Essig, Zucker und Salz abschmecken.

- Die Hitze nach 3 Stunden Grillzeit auf 160–180 °C erhöhen und das Fleisch immer mal wieder mit dem Brombeerlack einpinseln. Den Schweinebauch vor dem Servieren 15 Minuten in der Wärmezone ruhen lassen.

- Den Schweinebauch in Scheiben aufgeschnitten und mit Tasmanischem Pfeffer bestreut servieren.

SCHÄUFELE

mit Altbierbierlack

Vorbereitung: 15 Min. • Grillzeit: 2–3 Std. • Methode: indirekt

Für vier Männer

Für den Rub:
- 1 EL Paprikapulver edelsüß
- 1 EL Paprika scharf
- 1 EL indisches Currypulver
- 1 TL Zucker
- 1 EL feines Meersalz
- 1 TL Knoblauchpulver
- 1 EL Thymian, getrocknet

Für das Fleisch:
- 4 Stück Schweineschulter (à ca. 600 g; mit Knochen und Schwarte)
- 2 EL Senf
- 2 Zwiebeln
- 1 Knoblauchzehe
- 1 TL Kümmelsamen
- ca. 500 ml Altbier oder anderes dunkles Bier
- Salz
- Pfeffer aus der Mühle

Außerdem:
- 1 oder 2 Grillschalen (siehe Seite 15)
- Rapsöl zum Fetten des Rosts

Zubereitung:

• Den Grill vorbereiten auf indirekte Hitze 160 °C, mittlere Rosthöhe und geschlossenen Deckel. Den Grillrost einfetten.

• Für den Rub alle Gewürze in einer Schüssel gut vermischen. Für das Fleisch die Schweineschulter kalt abspülen und mit Küchenpapier sorgfältig trocken tupfen. Das Fleisch mit Senf einpinseln mit dem Rub bestreuen.

• Zwiebeln und Knoblauch abziehen, fein hacken und mit dem Kümmel auf 1 oder 2 Grillschalen aufteilen. Das Altbier mit 200 Millilitern Wasser und 1 Teelöffel Salz verrühren, die Grillschale(n) ca. 2 Zentimeter hoch damit befüllen und die Schale(n) bei indirekter Hitze auf den Rost stellen.

• Das Fleisch mit der Fettseite nach unten in die Grillschale(n) legen und bei geschlossenem Deckel ca. 2 Stunden garen, dabei gelegentlich mit Altbiersud begießen und bei Bedarf Altbier nachfüllen, damit die Fettschicht immer im Sud liegt.

• Das Fleisch aus dem Sud nehmen und die Grilltemperatur auf 250 °C erhöhen. Den Grillrost noch einmal leicht fetten und die Fleischstücke mit der Fettseite nach oben 30 Minuten bei indirekter Hitze und geschlossenem Deckel grillen, bis die Schwarte schön kross ist. Das Fleisch ist gar, wenn es sich leicht vom Knochen lösen lässt.

• Den restlichen Altbiersud in einem Topf auf dem Herd kurz erhitzen. Nach Belieben durch ein feines Sieb gießen, dann mit Salz und Pfeffer abschmecken.

• Die Schäufele auf Teller verteilen und servieren. Dazu passen ein würziger Krautsalat und ein kühles Bier.

SPANFERKELROLLBRATEN

AUS DEM APFELRAUCH MIT KRÄUTERFÜLLUNG UND WACHOLDERBEERGLASUR

Vorbereitung: 30 Min. • Grillzeit: 2 ½–3 Std. • Methode: indirekt

Für vier Männer

Für Glasur und Rub:
- 1 EL Wacholderbeeren
- 2 EL bunte Pfefferkörner
- 2 Nelken
- 1 Lorbeerblatt
- 2 TL Chiliflocken
- 1 TL grobes Meersalz
- 400 ml Apfelsaft
- 4 EL Holunderblütensirup
- je 2 EL Honig, Sojasauce, Ketchup
- Abrieb und Saft von 1 Biozitrone
- 1 TL Koriandersamen
- 1 EL Fenchelsamen
- 1 EL Senfsamen
- 2 EL Paprikapulver
- 1 TL Ingwerpulver
- 1 TL Zwiebelpulver

Für das Fleisch:
- 2–2,5 kg Spanferkel
- 4 Bund Kräuter (z.B. Petersilie, Thymian)
- 2 Knoblauchzehen
- 30 g Haselnusskerne
- 6 EL Olivenöl

Außerdem:
- Grillschale (siehe Seite 15)
- Rapsöl zum Fetten des Rosts
- Fleischthermometer

Zubereitung:

- Den Grill vorbereiten auf indirekte Hitze 150–160 °C, mittlere Rosthöhe und geschlossenen Deckel. Den Grillrost einfetten.
- Für die Glasur Wacholderbeeren, 1 Esslöffel Pfefferkörner, Nelken, Lorbeer, 1 Teelöffel Chili und grobes Salz im Mörser fein zerstoßen. Die zerstoßenen Gewürze mit 200 ml Apfelsaft, Holunderblütensirup, Honig, Sojasauce, Ketchup sowie Zitronenabrieb und -saft in einem kleinen Topf auf dem Herd bei mittlerer Hitze 10–12 Minuten langsam sirupartig einköcheln.
- In der Zwischenzeit für den Rub Koriander-, Fenchel- und Senfsamen sowie restliches Chilipulver und restlichen Pfeffer im Mörser fein zerstoßen. Die zerstoßenen Gewürze mit Paprika-, Ingwer- und Zwiebelpulver gut mischen.
- Das Spanferkel kalt abspülen und sorgfältig trocken tupfen. Die Kräuter waschen und trocken schütteln. Dicke Zweige und Stiele kürzen, dann die Kräuter grob schneiden. Den Knoblauch abziehen und fein würfeln. Kräuter, Knoblauch und gehackte Haselnüsse mit dem Olivenöl mischen.
- Das Spanferkel mit der Schwarte nach unten auf die Arbeitsfläche legen, mit dem Rub einreiben und mit den Kräutern füllen. Das Fleisch mit der Rückenseite zur Mitte hin einrollen und mit Küchengarn fest zusammenbinden.
- Eine Grillschale mit dem restlichen Apfelsaft in die Mitte des Grills stellen. Das Spannferkel auf dem Rost bei indirekter Hitze und geschlossenem Deckel 2 ½–3 Stunden bis zu einer Kerntemperatur von 75 °C garen. Nach zwei Dritteln der Garzeit den Rollbraten mit der Glasur einpinseln. Kurz vor Garende das Einpinseln noch einmal wiederholen.
- Das Fleisch vor dem Servieren in der Wärmezone ca. 10 Minuten ruhen lassen (siehe Tipp Seite 26), dann am besten mit einem elektrischen Brotmesser in Scheiben schneiden und mit der restlichen Glasur servieren.

Mein Tipp:

- *Ideal lässt sich dieser Rollbraten mit einem elektrisch angetriebenen Drehspieß grillen.*

DREIERLEI RIPPCHEN

mit Krauses Spareribs-Rub

Vorbereitung: 30 Min. + 30 Min. Marinierzeit • Grillzeit: 3 Stunden 30 Min. • Methode: indirekt

Für vier Männer

Für Krauses Spareribs-Rub:
- 10 EL Paprikapulver edelsüß
- 1 EL geräuchertes Paprikapulver
- 2 EL Knoblauchpulver
- 1 EL Cayennepfeffer
- 6 EL weiße Pfefferkörner, grob zerstoßen
- 2 EL brauner Zucker
- 2 EL Puderzucker
- 6 EL Meersalz
- 1 TL Ingwerpulver
- 1 TL Zwiebelpulver
- ½ TL gemahlener Kreuzkümmel
- 2 Päckchen Vanillezucker

Für das Fleisch:
- ca. 2 kg fleischige Schweinerippchen (lieber etwas vollfleischige beim Metzger vorbestellen; siehe Tipp rechte Seite)

Außerdem:
- Rapsöl zum Fetten des Rosts
- Grillschale (siehe Seite 15)
- Holzchips (nach Belieben)

Zubereitung

- Für das Fleisch die Rippenbögen mit einem Messer putzen, das heißt blank kratzen und auf der Knochenseite die Silberhaut lösen. Dazu die Haut am besten leicht einschneiden und abziehen – das geht am besten, wenn Mann sie mit Küchenpapier festhält. Für Krauses Spareribs-Rub alle Zutaten sorgfältig mischen und die Rippenbögen auf einem Backblech damit – am besten mit Handschuhen – erst auf der Knochenseite, dann auf der Fleischseite sorgfältig einreiben. Das Fleisch abdecken und bei Zimmertemperatur 30 Minuten marinieren.

- In der Zwischenzeit den Grill vorbereiten auf indirekte Hitze 110–120 °C, mittlere Rosthöhe und geschlossenen Deckel. Eine Grillschale mit etwas Wasser in die Mitte des indirekt vorgeheizten Grills stellen. Den Grillrost einfetten.

- Die Rippchen auf dem Rost bei indirekter Hitze mit geschlossenem Deckel gut 2 Stunden grillen. Wer eine rauchige Note bevorzugt, gibt zwischendurch ein paar Holzchips dazu.

- Pro Rippchen ein Stück Alufolie am besten doppelt oder dreifach ausbreiten. Die Rippenbögen auf die Alufolie legen und sorgfältig zu Päckchen verschließen, ohne dass die Folie reißt. Die Grilltemperatur auf 130–140 °C erhöhen, die Päckchen wieder auf den Grill legen und die Rippchen bei indirekter Hitze je nach Dicke der Fleischschicht ca. 1 Stunde weitergaren.

- In dieser Zeit die Zutaten für Marinade No. 1, 2 oder 3 in einem kleinen Topf auf dem Herd aufkochen und bei mittlerer Hitze sirupartig einkochen. Den Topf von der Hitze nehmen und die Marinade noch einmal abschmecken.

No. 1: Marinade „feurig & süß":

- 2 Knoblauchzehen
- 1 Stück Ingwer (2 cm)
- 2 Chilischoten
- Abrieb und Saft von 1 Biolimette
- 2 EL BBQ-Sauce
- 100 ml Apfelsaft
- 100 ml Sojasauce
- 2 EL brauner Rum
- 1 EL Zuckerrübensirup
- 3 EL Puderzucker
- 1 EL Meersalz

No. 2: Marinade „Honey":

- 250 ml Ketchup
- 50 ml dunkler Aceto balsamico
- 2 EL Worcestersauce
- 3 EL Honig
- 1 EL Vanillezucker
- 100 ml Cola
- 1 EL grober Senf
- 1 EL Tabasco
- 1 EL Pfefferkörner, grob zerstoßen
- 1 TL Meersalz

No. 3: Marinade „Sesam":

- 6 EL Sweet Chili Sauce
- 6 EL BBQ-Sauce
- 2 EL Aprikosenkonfitüre
- 100 ml heller Aceto balsamico
- 100 ml Sojasauce
- 6 EL Teriyakisauce
- 3 EL helle Sesamsamen
- 1 EL Tabasco

• Die Rippchen vorsichtig aus der Folie nehmen, wieder auf den Grill legen, mit der Marinade bestreichen (siehe Tipp) und ca. 30 Minuten bei indirekter Hitze und geschlossenem Deckel fertig garen, bis sich das Fleisch leicht vom Knochen lösen lässt. Falls die Rippchen schon butterzart aus der Folie kommen, reichen in dieser letzten Phase 30 Minuten, ansonsten die Grilldauer etwas verlängern.

• Die Rippchen am Knochen entlang teilen und auf einer warmen Platte angerichtet servieren.

Meine Tipps:

• *Mann muss pro Person mindestens 1 Rippenbogen einplanen.*

• *Wenn Mann die Marinade vor dem Bestreichen kurz noch einmal erwärmt, ist sie dünnflüssiger und lässt sich leichter auf den Ribs verstreichen.*

• *In der Regel bekommt Mann 2 Rippenbögen auf den Grill. Um mehr Rippchen zu grillen, eignet sich ein Rippchenhalter sehr gut, in den die Rippchen eingestellt werden. Den besten Halter finden Sie gleich ums Eck im schwedischen Möbelhaus, wo er eigentlich als Tellerhalter dient.*

Das Bild zum Rezept finden Sie auf Seite 17.

PULLED PORK

„Classico" low and slow

Vorbereitung: 20 Min. + 8 Std. Marinierzeit + 1 Std. Ruhezeit • Grillzeit: 14–16 Std. • Methode: indirekt

Für sechs Männer

Für den Rub:
- 3 EL Paprikapulver edelsüß
- 2 EL Paprikapulver scharf
- 2 EL feines Meersalz
- 1 EL Knoblauchpulver
- 1 EL Zwiebelpulver
- 1 EL brauner Zucker
- 1 EL getrockneter Oregano
- je 1 EL getrockneter Majoran und Thymian
- 1 TL Cayennepfeffer

Für das Fleisch:
- 1 Schweinenacken (ca. 2,8 kg; alternativ Schweineschulter)
- 4 Burger-Brötchen
- Cole Slaw zum Servieren (siehe Seite 127)
- BBQ-Sauce zum Servieren

Für die Marinade:
- 250 ml Apfelsaft
- 100 ml heller Aceto balsamico
- 100 ml Malzbier
- 3 EL brauner Zucker
- 1 EL feines Meersalz
- 2 EL Sojasauce
- 2 EL BBQ Sauce (Honey taste)
- 1 EL Tabasco

Zubereitung

• Für den Rub alle Zutaten in einer Schüssel sorgfältig vermischen. Bei Verwendung von Schweineschulter den Fettdeckel – aber auch wirklich nur das Fett! – mit einem Cuttermesser rautenförmig einritzen. Das Fleisch kalt abspülen, mit Küchenpapier sorgfältig trocken tupfen und mit dem Rub von allen Seiten gut einreiben, dazu am besten auf ein Backblech legen. Einen langen Streifen Frischhaltefolie ausrollen, das Fleischstück auflegen, mit dem überschüssigen Rub vom Backblech bestreuen und in die Folie sorgfältig einwickeln. Das Fleisch im Kühlschrank 8 Stunden, am besten über Nacht, marinieren.

• Das Fleisch mindestens 1 Stunde vor dem Grillen aus dem Kühlschrank nehmen und die Folie entfernen. Den Grill vorbereiten auf indirekte Hitze 110–120 °C, mittlere Rosthöhe und geschlossenen Deckel. Den Grillrost einfetten.

• Für die Marinade alle Zutaten in einen Topf geben und kurz erhitzen, bis sich der Zucker aufgelöst hat. Das Fleisch auf dem Rost über der indirekten Hitze 14–16 Stunden low and slow grillen, dabei unter dem Fleischstück eine Grillschale platzieren, die das Fett auffängt. Als Regel kann Mann pro 100 Gramm Fleisch Minimum 30 Minuten Grillzeit ansetzen. Nach 3 und 10 Stunden Garzeit die Schulter jeweils mit der Marinade gut einpinseln (siehe Tipp).

• Wenn das Fleisch 90 °C Kerntemperatur erreicht hat, das Stück vom Grill nehmen, auf einen großen Streifen Alufolie legen, mit der Marinade nochmals gut einpinseln und in die Folie stramm einwickeln. Das eingewickelte Fleisch in der Wärmezone mindestens 1 Stunde ruhen lassen. In der Zwischenzeit die restliche Marinade in einem kleinen Topf auf dem Herd sirupartig einkochen.

• Den Schweinenacken aus der Folie nehmen und in einer großen Schüssel mit zwei Gabeln zerreißen. Das Pulled Pork mit ein wenig eingekochter Marinade verrühren, klassisch im Burger-Brötchen mit etwas Cole Slaw und BBQ-Sauce nach Belieben servieren.

Außerdem:
- Rapsöl zum Fetten des Rosts
- Grillschale (siehe Seite 15)
- Grillthermometer

Meine Tipps:

- *Wichtig! Das Fleisch steigt in der Kerntemperatur anfangs zügig an, stagniert nach einiger Zeit aber oder sinkt sogar – dann Ruhe bewahren (falls Sie über Nacht garen, kann eh niemand helfen). Bloß nicht den MacGyver spielen und an der Grilltemperatur drehen, die Kerntemperatur von 90 °C wird bald erreicht sein oder auch etwas später …*

- *Ich pinsele während des Grillens das Fleisch nur 1- bis 2-mal mit der Marinade ein, damit das Fleischstück durch den Zuckeranteil nicht zu schwarz wird. Wer zu häufig einpinselt, muss zudem mit längerer Garzeit rechnen.*

- *Pulled Pork vom Gasgrill – auch kein Problem. Bei drei Brennern den mittleren auslassen, das ist die indirekte Zone, darunter ebenfalls eine Schale stellen. Die beiden äußeren Brenner auf Minimum starten und bei geschlossenem Deckel 30 Minuten erwärmen, bis sich die gewünschte Temperatur auf 110–120 °C eingependelt hat. Ist er zu kalt, die Temperatur kurzfristig etwas erhöhen. Ist er zu heiß und die Brenner lassen sich nicht niedriger einstellen, ein kleines Korkenstück unter die Deckelkante klemmen. Zum Räuchern eine Räucherbox über die direkte Hitze stellen, hier jedoch die Holzchips vorher leicht wässern.*

HOTDOG

MIT SCHALOTTENCONFIT UND CRANBERRYS

Vorbereitung: 20 Min. + 1–2 Std. Marinierzeit • Grillzeit: 12 Min. • Methode: indirekt/direkt

Für vier Männer

Für die Marinade:
- 2 Knoblauchzehen
- 1 Zweig Rosmarin
- 1 EL grober Senf
- 6 EL Olivenöl
- 1 TL grobes Meersalz
- 1 TL Pfefferkörner, grob zerstoßen
- 1 Schuss Rotwein oder Whisky (nach Belieben)

Für die Hotdogs:
- 8 frische grobe Bratwürste
- 8 Hotdog-Brötchen
- süßer Senf und BBQ-Sauce zum Servieren

Für das Confit:
- 12 große Schalotten
- 4 EL Olivenöl
- 4 EL gehackte Tomaten (aus der Dose)
- 2 EL brauner Zucker
- 8 getrocknete Cranberrys
- ½ Zimtstange
- ¼ TL Cayennepfeffer
- Saft von 1 Orange
- 3 EL dunkler Aceto balsamico
- 1 Msp. Limettenabrieb

Außerdem:
- gusseiserner Topf
- Rapsöl zum Fetten des Rosts

Zubereitung

• Für die Marinade den Knoblauch abziehen und in feine Würfel schneiden. Den Rosmarin waschen und trocken schütteln. Die Nadeln abzupfen und fein hacken. Knoblauch, Rosmarin, Senf, Olivenöl, Meersalz, Pfeffer und Rotwein oder Whisky nach Belieben verrühren.

• Für die Hotdogs die Würste in einer flachen Auflaufform oder in einem Gefrierbeutel mit der Marinade mischen und im Kühlschrank luftdicht verschlossen 1–2 Stunden kalt stellen.

• Den Grill vorbereiten auf indirekte/direkte Hitze 180–200 °C, mittlere Rosthöhe und geschlossenen Deckel. Den Grillrost einfetten. Einen gusseisernen Topf auf dem Grill über der direkten Hitze vorheizen.

• Für das Confit die Schalotten abziehen und in Ringe schneiden. Olivenöl, Schalotten und gehackte Tomaten in dem heißen Topf anschwitzen. Den Zucker einstreuen und goldbraun karamellisieren. Cranberrys, Zimt, Cayennepfeffer, Orangensaft und Essig dazugeben. Das Confit bei indirekter Hitze und geschlossenem Deckel 10 Minuten sämig einkochen. Den Topf von der Hitze nehmen und das Confit mit Limettenabrieb, Cayennepfeffer und Meersalz abschmecken.

• Die Würste auf dem Rost bei indirekter Hitze ca. 10 Minuten garen, dann weitere 1–2 Minuten von beiden Seiten über direkter Hitze bräunen. Die Hotdog-Brötchen kurz über der direkten Hitze rösten, mit etwas süßem Senf und BBQ-Sauce bestreichen, mit Würsten belegen und mit Schalottenconfit beträufelt servieren.

Mein Tipp:

• *Sie können das Confit natürlich auch auf dem Herd zubereiten.*

SCHWEINEFILET

mit Aprikosen-Thymian-Füllung

Vorbereitung: 20 Min. • Grillzeit: 30–40 Min. • Methode: indirekt

Für vier Männer

Für den Rub:
- 2 EL Paprikapulver edelsüß
- 1 EL feines Meersalz
- 1 TL Cayennepfeffer
- ½ TL gemahlener Kreuzkümmel
- 1 TL Ingwerpulver
- 1 EL Senfpulver (alternativ Senfkörner, grob zerstoßen)
- 1 TL Knoblauchpulver
- 1 TL Zwiebelpulver
- 1 EL Zucker

Für das Fleisch:
- 600 g Schweinefilet (z.B. vom Duroc)
- 1 EL Pfeffer aus der Mühle
- 8 Aprikosen
- 4 Zweige Thymian
- 100 g Fetakäse
- 200 g Frischkäse
- 1 EL Aprikosenkonfitüre
- 4 sehr dünne Scheiben Serranoschinken
- ca. 250 g dünne Scheiben Bacon

Außerdem:
- Rapsöl zum Fetten des Rosts

Zubereitung

• Den Grill vorbereiten auf indirekte Hitze 180 °C, mittlere Rosthöhe und geschlossenen Deckel. Den Grillrost einfetten.

• Für den Rub alle Gewürze sorgfältig mischen. Für das Fleisch das Schweinefilet kalt abspülen und mit Küchenpapier sorgfältig trocken tupfen. Sehnen entfernen. Das Filet mittig der Länge nach etwas einschneiden, auseinanderklappen und nochmals vorsichtig 2- bis 3-mal längs einritzen – aber nicht durchschneiden –, damit es schön ausgebreitet werden kann. Mit Pfeffer aus der Mühle würzen.

• Die Aprikosen waschen, halbieren und entsteinen. Den Thymian waschen und trocken schütteln. Die Blättchen abstreifen und mit Aprikosen und Fetakäse fein hacken, dann mit Frischkäse und Aprikosenkonfitüre verrühren. Mit etwas Salz und Pfeffer abschmecken. Die Masse auf dem aufgeschnittenen Schweinefilet verteilen und mit Serranoschinken belegen.

• So viele Baconscheiben nebeneinander auf der Arbeitsfläche ausbreiten, dass das gefüllte Schweinefilet quer daraufpasst. Eine Seite der Baconscheiben über das Filet klappen, sodass die Scheiben ein wenig überlappen. Eine weitere Scheibe Bacon längs darüberlegen und die andere Seite mit den Baconscheiben so darüberklappen, dass das Filet wie in einen geflochtenen Zopf eingehüllt aussieht. Den Speck etwas andrücken.

• Das eingewickelte Filet mit dem Rub einreiben. Das Fleisch auf dem Rost bei indirekter Hitze und geschlossenem Deckel ca. 40 Minuten grillen, dabei gelegentlich wenden.

• Das Fleisch vor dem Servieren in der Wärmezone ca. 10 Minuten ruhen lassen, dann in dickere Stücke aufschneiden und servieren.

VOGELWILD!

Geflügel & Wild

65

DRUMSTICKS

ASIA-STYLE MIT RETTICHSALAT

Vorbereitung: 30 Min. + 2–3 Std. Marinierzeit, am besten über Nacht • Grillzeit: 15 Min. • Methode: indirekt

Für vier Männer

Für das Fleisch:
- 12–16 mittelgroße Hähnchenoberkeulen

Für die Marinade:
- 1 Stück Ingwer (3 cm)
- 2 Schalotten
- 2 Knoblauchzehen
- ½ TL Koriandersamen
- 1 TL gemischte Pfefferkörner
- 1 TL Chiliflocken
- 6 EL Sojasauce
- 2 EL Teriyakisauce
- 2 EL Erdnussöl
- 200 g Joghurt
- 1 TL Sesamöl
- 1 TL Ahornsirup
- Saft von 1 Limette
- 1 Prise Rauchsalz

Für den Salat:
- 1 Rettich
- 4 Stängel Koriandergrün
- Saft von 1 Limette
- 4 EL Olivenöl
- 6 EL Dosenmilch
- 1 EL helle Sesamsamen, geröstet
- 1 Prise Zucker, Salz

Außerdem:
- Mörser
- Rapsöl zum Fetten des Rosts
- Spiralschneider

Zubereitung

- Für das Fleisch am oberen Ansatz der Hähnchenkeulen die Knorpel und Sehnen entfernen, sodass der Knochen freiliegt. Die Keulen kalt abspülen und mit Küchenpapier trocken tupfen. Für die Marinade den Ingwer schälen, Schalotten und Knoblauch abziehen. Ingwer, Schalotten und Knoblauch fein würfeln. Koriander, Pfeffer und Chiliflocken im Mörser grob zerstoßen und mit den übrigen Marinadenzutaten gut verrühren. Die Hähnchenkeulen in einer flachen Auflaufform oder einem Gefrierbeutel mit der Marinade vermengen und luftdicht verschlossen im Kühlschrank 2–3 Stunden, am besten über Nacht marinieren.

- Den Grill vorbereiten auf indirekte Hitze 180–200 °C, mittlere Rosthöhe und geschlossenen Deckel. Den Grillrost einfetten.

- Die Hähnchenkeulen aus der Marinade nehmen, mit Küchenpapier etwas abtupfen und bei indirekter Hitze und geschlossenem Deckel 15 Minuten grillen, dabei gelegentlich wenden und mit der restlichen Marinade einpinseln.

- In der Zwischenzeit für den Salat den Rettich schälen und mit dem Spiralschneider zu langen Fäden drehen. Den Koriander waschen, trocken schütteln und ohne die groben Stiele fein schneiden. Rettich und Koriander mit Limettensaft, Olivenöl, Dosenmilch und Sesam vermischen. Mit Zucker und Salz abschmecken.

- Die Drumsticks und den Rettichsalat auf Tellern anrichten und servieren.

Mein Tipp:

- *Mit einem Spiralscheider lassen sich aus vielen Gemüsesorten und Kartoffeln Fäden herstellen. Die passen als Beilage sehr gut zu Gerichten, als Rohkostsalat oder als Kartoffelkruste. Dazu mit den Kartoffelfäden z.B. ein Stück Fisch einwickeln und braten.*

LEMON TURKEY

mit Jalapeños

Vorbereitung: 30 Min. + mind. 2–3 Std. Marinierzeit • Grillzeit: 2 Std. 10 Min. • Methode: direkt/indirekt

Für vier Männer

Für das Fleisch:
- 1,5 kg Putenoberkeule
- Salz
- Pfeffer aus der Mühle
- 100 g Jalapeños

Für die Marinade:
- 8 getrocknete Kaffirlimettenblätter
- 1 EL bunte Pfefferkörner
- 6 Wacholderbeeren
- 2 EL Thymian
- 1 TL feines Meersalz
- ½ TL Knoblauchpulver
- ½ TL Zwiebelpulver
- 1 TL Ingwerpulver
- 1 EL Vanillezucker
- Abrieb und Saft von 2 Biozitronen
- 2 EL Sesamöl
- 4 EL Erdnussöl

Für den Lack:
- 2 Stangen Zitronengras
- 200 g Blaubeeren (frisch oder TK-Ware)
- 3 EL Cashewkerne
- 3 EL Waldhonig
- 4 EL Ketchup
- 4 EL Sojasauce
- 1 Prise Rauchsalz

Außerdem:
- Mörser
- Rapsöl zum Fetten des Rosts

Zubereitung

• Die Putenoberkeule kalt abspülen und mit Küchenpapier trocken tupfen. Für die Marinade Limettenblätter, Pfeffer, Wacholder, Thymian und Meersalz im Mörser fein zerstoßen, dann mit Knoblauch- und Zwiebelpulver, Ingwer, Vanillezucker, Zitronenabrieb und -saft, Sesam- und Erdnussöl vermischen.

• Die Putenkeule mit der Marinade einreiben, in einem großen Gefrierbeutel luftdicht verschließen und im Kühlschrank 2–3 Stunden, am besten über Nacht, marinieren.

• Das Fleisch 1 Stunde vor dem Grillen aus dem Kühlschrank nehmen. Den Grill vorbereiten auf direkte/indirekte Hitze 180 °C, mittlere Rosthöhe und geschlossenen Deckel. Den Grillrost einfetten.

• Die Putenkeule aus dem Beutel heben und mit Küchenpapier trocken tupfen. Die restliche Marinade in einen kleinen Topf umfüllen. Für den Lack Zitronengras und frische Blaubeeren waschen und trocknen. Das Zitronengras mit dem Griff eines schweren Messers anklopfen und in grobe Stücke schneiden. Die Cashewkerne fein hacken. Blaubeeren, Zitronengras, Cashews, Waldhonig, Ketchup, Sojasauce und Rauchsalz zur Marinade in den Topf geben, aufkochen und bei mittlerer Hitze 5–6 Minuten sirupartig einkochen. Den Topf von der Hitze nehmen.

• Die Keule auf dem Rost bei direkter Hitze und offenem Deckel von beiden Seiten 3–4 Minuten grillen, bis ein Grillmuster entstanden ist. Das Fleisch in die Zone indirekter Hitze ziehen, die Temperatur auf 150 °C reduzieren und die Keule bei geschlossenem Deckel 2 Stunden langsam garen, dabei gelegentlich wenden und mit dem Lack bestreichen. Die Putenkeule vor dem Servieren in der Wärmezone 5 Minuten ruhen lassen (siehe Tipp Seite 26).

• Die Putenkeule aufschneiden, das Fleisch mit Salz und Pfeffer würzen und mit den Jalapeños bestreut servieren.

Mein Tipp:

• *Wer nicht die Zeit hat, um lange zu grillen, sollte bei fertig portionierten Fleischstücken zugreifen. Hier sind zum Beispiel Putenschnitzel gut geeignet, sie sind in wenigen Minuten gar.*

KLEINE HÄHNCHENSPIESSE

MIT SÜSS-SAURER CHILIMARINADE

Vorbereitung: 15 Min. + 1–2 Std. Marinierzeit • Grillzeit: 6–8 Min. • Methode: indirekt

Für vier Männer

Für das Fleisch:
- 500 g Hähnchenbrustfilet
- Thaibasilikum zum Garnieren

Für die Marinade:
- 5 EL Sweet Chili Sauce
- 2 EL Sojasauce
- 4 EL Ananassaft
- 1 EL Erdnussbutter
- 3 EL Erdnussöl
- Abrieb und Saft von 1 Biolimette
- 1 TL geräuchertes Paprikapulver
- 1 EL Speisestärke
- 1 Prise Zucker
- Salz
- Pfeffer aus der Mühle

Außerdem:
- 12–16 Holz-Schaschlikspieße (siehe Seite 13)
- Rapsöl zum Fetten des Rosts

Zubereitung

- Die Hähnchenbrustfilets kalt abspülen und mit Küchenpapier trocken tupfen. Für die Marinade Chilisauce, Sojasauce, Ananassaft, Erdnussbutter, Erdnussöl, Limettenabrieb und -saft, Paprikapulver und Speisestärke verrühren. Mit Zucker, Salz und Pfeffer abschmecken.

- Die Hähnchenbrustfilets in einer flachen Auflaufform oder in einem Gefrierbeutel mit der Marinade mischen und luftdicht verschlossen im Kühlschrank 1–2 Stunden marinieren.

- Den Grill vorbereiten auf indirekte Hitze 180–200 °C, mittlere Rosthöhe und geschlossenen Deckel. Den Grillrost einfetten.

- Die Filets aus der Marinade nehmen, der Länge nach in Streifen schneiden und die Streifen in Wellenform auf die abgetropften Spieße stecken.

- Die Spieße auf dem Rost bei indirekter Hitze und geschlossenem Deckel von jeder Seite 3–4 Minuten grillen. Vor dem Wenden die Spieße noch einmal durch die Marinade ziehen. Das Thaibasilikum waschen, trocken schütteln und die Blätter grob schneiden.

- Die Spieße auf einer Platte oder Tellern anrichten und mit Thaibasilikum bestreut servieren.

Mein Tipp:

- *Für eine fruchtige Note bei Hähnchenspießen kann Mann beispielsweise auch gut Ananas zwischen den Hähnchenstücken auf die Spieße ziehen.*

RUHRPOTT-HÄHNCHEN

AUF DER BIERDOSE MIT COLA UND THYMIAN

Vorbereitung: 15 Min. • Grillzeit: 1 Std. • Methode: indirekt

Für vier Männer

Für den Gewürzsirup:
- 1 TL feines Meersalz
- 1 TL Paprikapulver edelsüß
- ¼ TL Cayennepfeffer
- 1 TL Oregano
- ½ TL Knoblauchpulver
- ½ TL Zwiebelpulver
- 1 Prise Lebkuchengewürz
- 1 EL Honig
- 6 EL der Cola-Bier-Mischung

Für das Hähnchen:
- 1 Dose Bier (500 ml; gekühlt)
- 1 Dose Cola (330 ml; gekühlt)
- 1 Knoblauchzehe
- 3 Zweige Thymian
- 1 Stange Zitronengras
- 1 Chilischote, halbiert
- 1 TL feines Meersalz
- 1 Brathähnchen (ca. 900 g)

Außerdem:
- Grillschale (siehe Seite 15)

Zubereitung

- Den Grill vorbereiten auf indirekte Hitze 140–150 °C, mittlere Rosthöhe und geschlossenen Deckel.

- Für das Hähnchen die Bier- und die Coladose öffnen und ausleeren, dabei die Flüssigkeiten auffangen. Jeweils 300 Milliliter Bier und Cola mischen. Für den Gewürzsirup Meersalz, Paprika, Cayennepfeffer, Oregano, Knoblauch, Zwiebel, Lebkuchengewürz und Honig mit 6 Esslöffeln der Cola-Bier-Mischung verrühren.

- Die restliche Cola in die Bierdose füllen. Angedrückten Knoblauch, Thymian, Zitronengras und Chilischote – bei Bedarf etwas klein geschnitten, damit es durch die Öffnung passt – dazugeben.

- Das Hähnchen innen und außen kalt abspülen, mit Küchenpapier trocken tupfen und innen mit Salz und etwas Gewürzmischung würzen. Das Hähnchen mit der Bauchöffnung auf die Bierdose setzen. Eine Grillschale in die Mitte des Grills stellen.

- Das Hähnchen samt Dose auf die Grillschale stellen, außen mit etwas Gewürzsirup gut einpinseln und bei geschlossenem Deckel ca. 1 Stunde garen, dabei gelegentlich mit dem Gewürzsirup einpinseln und die Schale jedes Mal etwas drehen. Zum Ende der Garzeit den restlichen Gewürzsirup und etwas Flüssigkeit aus der Bierdose in die Grillschale geben und kurz erhitzen.

- Das Hähnchen tranchieren und mit der Sauce aus der Grillschale servieren.

Meine Tipps:

- *Bei Hähnchen über 1 Kilogramm Gewicht bitte die Garzeit pro 100 Gramm um 10 Minuten erhöhen. Wenn Mann mit Kindern grillt, funktioniert das Rezept auch mit alkoholfreiem Bier oder Malzbier. Wer nicht improvisieren möchte: Grillhähnchenhalter gibt es im Fachhandel auch fertig zu kaufen.*

- *Bier mit Cola ist im Ruhrgebiet als „Krefelder" bekannt ... daher hier meine Hommage an den Pott! Das restliche Mischgetränk noch schön kalt genießen. PS: In Köln geht's auch mit Kölsch und in Düsseldorf mit Alt.*

SURF-&-TURF-SPIESSE

von Maishähnchen und Scampi

Vorbereitung: 20 Min. + 2 Std. Marinierzeit • Grillzeit: 15 Min. • Methode: indirekt

Für vier Männer

Für das Fleisch:
- 3–4 Maishähnchenbrustfilets (à ca. 150 g)
- 8 Riesengarnelen (ohne Schale, entdarmt)
- 2 Papayas
- 2 rote Zwiebeln

Für die Marinade:
- 3 EL Teriyakisauce
- 2 EL dunkler Aceto balsamico
- 1 TL gelbe oder rote Thaicurrypaste
- 3 EL Erdnussöl
- 1 TL Honig
- Salz und Pfeffer aus der Mühle

Außerdem:
- 8 Holz-Schaschlikspieße (siehe Seite 13)
- Rapsöl zum Fetten des Rosts

Zubereitung

• Die Hähnchenbrustfilets abspülen, mit Küchenpapier trocken tupfen, von Fett und Sehnen befreien und in ca. 4 Zentimeter große Würfel schneiden. Für die Marinade Teriyakisauce, Essig, Currypaste, Öl und Honig verrühren. Mit Salz und Pfeffer abschmecken. Die Hähnchenstücke in einer flachen Auflaufform oder in einem Gefrierbeutel mit der Marinade mischen und luftdicht verpackt im Kühlschrank ca. 2 Stunden ziehen lassen.

• Den Grill vorbereiten auf indirekte Hitze 180 °C, mittlere Rosthöhe und geschlossenen Deckel. Den Rost einfetten.

• Die Garnelen kalt abspülen, mit Küchenpapier trocken tupfen und der Länge nach halbieren. Die Papayas schälen, halbieren, entkernen und in ebenfalls ca. 4 Zentimeter große Würfel schneiden. Die Zwiebeln schälen, vierteln und die einzelnen Segmente voneinander trennen.

• Hähnchenstücke, Garnelen, Papaya- und Zwiebelstücke abwechselnd auf die abgetropften Spieße stecken und noch mal in der Marinade wenden.

• Die Spieße auf dem Rost bei indirekter Hitze und geschlossenem Deckel 15 Minuten grillen, dabei nach der Hälfte der Zeit einmal wenden.

• Die Surf-&-Turf-Spieße auf einer Platte anrichten und servieren.

Mein Tipp:

• *Aus den restlichen Papayastücken mit ein paar Zwiebelwürfeln, Paprikawürfeln, klein geschnittenem Römersalat, Kirschtomaten und etwas Koriandergrün einen Salat mischen, mit 1 Spritzer Zitronensaft, Olivenöl und etwas Joghurt vermengen. Mit Salz, je nach Süße der Papaya 1 Spritzer Süßstoff und Chiliflocken abschmecken.*

MAISPOULARDENBRUST

gefüllt mit leichter Chili-Vanille-Sabayon

Vorbereitung: 15 Min. + 1 Std. Marinierzeit • Grillzeit: 15 Min. • Methode: direkt/indirekt

Für vier Männer

Für das Fleisch:
- 4 Maispoulardenbrustfilets (à ca. 150 g; mit Haut)
- ½ Bund Petersilie
- ½ Bund Basilikum
- 1 Biolimette
- 100 g Cashewkerne
- 8 EL Semmelbrösel
- 4 EL Olivenöl
- Salz
- Pfeffer aus der Mühle

Für die Marinade:
- 2 Knoblauchzehen
- 1 rote Chilischote
- 3 EL Orangensaft
- 4 EL Honig
- 6 EL Sojasauce
- 6 EL BBQ-Sauce
- 2 EL Olivenöl
- 1 EL Paprikapulver edelsüß

Für die Sabayon:
- 3 Eigelb
- 100 ml Malzbier
- 1 TL Chiliflocken
- 1 EL brauner Zucker
- Mark von 1 Vanilleschote
- 1 Prise Rauchsalz
- 1 EL Crème fraîche

Außerdem:
- Rapsöl zum Fetten des Rosts

Zubereitung

• Die Maispoulardenbrustfilets kalt abspülen, mit Küchenpapier trocken tupfen und von Fett und Sehnen befreien. Für die Marinade den Knoblauch abziehen und fein würfeln. Die Chilischote waschen, längs halbieren, entkernen und fein hacken. Knoblauch und Chili mit Orangensaft, Honig, Sojasauce, BBQ-Sauce, Olivenöl und Paprikapulver verrühren. Das Fleisch in einer flachen Auflaufform in der Marinade wenden und im Kühlschrank abgedeckt 1–2 Stunden marinieren.

• Den Grill vorbereiten auf direkte/indirekte Hitze 160–180 °C, mittlere Rosthöhe und geschlossenen Deckel. Den Grillrost einfetten. Das Fleisch 30 Minuten vor dem Grillen aus dem Kühlschrank nehmen.

• In der Zwischenzeit für die Füllung Petersilie und Basilikum waschen und trocken schütteln. Die Blätter abzupfen und fein schneiden. Die Limette heiß waschen und kräftig trocken reiben. Die Schale fein abreiben, die Limette halbieren und den Saft auspressen. Die Cashewkerne grob hacken, dann mit den Kräutern, Semmelbröseln, Olivenöl und etwas Limettenabrieb mischen. Mit Salz und Pfeffer abschmecken. Die Poulardenbrust aus der Marinade heben und mit Küchenpapier trocken tupfen.

• Das Fleisch auf dem Rost von beiden Seiten bei direkter Hitze und offenem Deckel 1–2 Minuten von jeder Seite angrillen, damit es kurz Farbe nimmt. Die Poulardenbrust vom Grill nehmen und jeweils längs mittig eine Tasche einschneiden, ohne die Filets durchzuschneiden. Die Füllung hineingeben und die Taschen mit Zahnstochern verschließen. Das Fleisch mit Salz und Pfeffer würzen, in Alufolie einwickeln und in der Zone indirekter Hitze 15 Minuten fertig grillen, dabei nach der Hälfte der Zeit einmal wenden.

• In dieser Zeit für die Sabayon die Eigelbe mit Malzbier, Chili, Zucker, Vanillemark und Rauchsalz über einem heißen Wasserbad auf dem Grill oder Herd mehrere Minuten cremig und leicht dicklich aufschlagen, dabei bei Bedarf immer mal wieder von der Hitze nehmen, damit die Creme nicht zu heiß wird und das Eigelb stockt. Von der Hitze nehmen, Crème fraîche unterrühren und die Sabayon mit Limettensaft und -abrieb, Salz und Pfeffer nachschmecken.

• Die Maispoulardenbrust aus der Folie nehmen, auf Teller verteilen und zusammen mit der Sabayon servieren.

ENTENKEULEN

MIT PFLAUMEN-INGWER-GLASUR

Vorbereitung: 15 Min. + 1–2 Std. Marinierzeit • Grillzeit: 1 Std. • Methode: indirekt

Für vier Männer

Für das Fleisch:
- 4 Entenkeulen (à ca. 180 g)

Für die Glasur:
- 200 ml Glühwein
- 3 EL Pflaumenmus
- 1 TL Ingwerpulver
- Mark von 1 Vanilleschote
- 3 EL Ahornsirup
- 2 EL Cajun-Gewürzmischung
- Salz

Außerdem:
- Grillschale (siehe Seite 15)
- Rapsöl zum Fetten des Rosts

Zubereitung

- Die Entenkeulen kalt abspülen, mit Küchenpapier trocken tupfen und im Gelenk halbieren. Für die Glasur Glühwein, Pflaumenmus, Ingwer, Vanille, Ahornsirup, Cajun-Gewürz und 1 Prise Salz verrühren und die Entenstücke darin wenden. Die Stücke mitsamt der Marinade in einen großen Streifen Alufolie einwickeln. Das Päckchen in die Grillschale legen und im Kühlschrank 1–2 Stunden marinieren.

- Den Grill vorbereiten auf indirekte Hitze 180 °C, mittlere Hitze und geschlossenen Deckel. Den Grillrost einfetten. Das Fleisch 30 Minuten vor dem Grillen aus dem Kühlschrank nehmen, aber nicht auspacken.

- Die eingewickelten Entenkeulen in der Grillschale auf dem Rost bei indirekter Hitze und geschlossenem Deckel 45 Minuten garen.

- Die Entenkeulen aus der Folie nehmen und bei Bedarf mit Küchenpapier leicht abtupfen. Die Fleischstücke auf dem Rost bei indirekter Hitze und geschlossenem Deckel weitere 15 Minuten grillen. Den verbliebenen Sud in die Grillschale geben und bei direkter Hitze sirupartig einkochen. Die Entenkeulen zwischendurch immer mal wieder wenden und mit dem Sud bestreichen.

- Die Entenkeulen auf Teller verteilen und servieren. Die restliche Glasur dazu reichen.

Mein Tipp:

- *Statt Glühwein können Sie auch einen dunklen Fruchtsaft verwenden. Dann einfach 1 Prise Lebkuchengewürz dazugeben.*

– TANDOORI CHICKEN –

mit Raita

Vorbereitung: 15 Min. + mind. 1–2 Std. Marinierzeit • Grillzeit: 4–5 Min. • Methode: direkt/indirekt

Für vier Männer

Für das Fleisch:
- 4 Hähnchenbrustfilets (à ca. 160 g; ohne Haut)
- Chapati zum Servieren

Für die Marinade:
- 1 Chilischote
- 1 Stück Ingwer (2 cm)
- 2 Knoblauchzehen
- 3 EL Tandoori-Masala (ind. Gewürzmischung)
- Abrieb und Saft von 1 Biolimette
- 200 g Joghurt
- ½ TL feines Meersalz

Für die Raita:
- 1 Salatgurke
- Salz
- 1 kleines Bund Petersilie
- 2 Stängel Minze
- 2 Stängel Koriandergrün
- ½ TL Kümmelsamen
- 250 g Vollmilchjoghurt oder griechischer Joghurt
- Pfeffer aus der Mühle

Außerdem:
- Rapsöl zum Fetten des Rosts
- Gemüsereibe

Zubereitung

- Die Hähnchenbrustfilets kalt abspülen, mit Küchenpapier trocken tupfen, von Fett und Sehnen befreien und der Länge nach in Streifen schneiden.

- Für die Marinade die Chilischote waschen, längs halbieren, entkernen und fein hacken. Den Ingwer schälen, den Knoblauch abziehen. Beides fein hacken. Chili, Ingwer und Knoblauch mit Masala, Limettenabrieb und -saft, Joghurt und Salz gut verrühren. Die Hähnchenstreifen mit der Marinade in einem Gefrierbeutel mischen, luftdicht verschließen und im Kühlschrank 1–2 Stunden, am besten über Nacht, marinieren.

- Den Grill vorbereiten auf direkte/indirekte Hitze 180 °C, mittlere Rosthöhe und geschlossenen Deckel. Den Grillrost mit Öl leicht einfetten.

- Für die Raita die Salatgurke schälen, grob über die Gemüsereibe raspeln und in einer Schüssel mit etwas Salz vermengen. Petersilie, Minze und Koriander waschen und trocken schütteln. Die Blätter von Petersilie und Minze abzupfen und mit dem Koriandergrün fein hacken. Den Kümmel etwas zerkleinern (siehe Tipp). Alle Zutaten verrühren, dabei die Gurkenstreifen vor dem Hinzufügen etwas ausdrücken. Mit Salz und Pfeffer abschmecken.

- Das Hähnchen aus der Marinade nehmen, etwas abtupfen und auf dem Rost bei direkter Hitze kurz bräunen. Das Fleisch in die Zone indirekter Hitze ziehen und bei geschlossenem Deckel 4–5 Minuten fertig garen. In dieser Zeit das Chapati auf dem Grill erwärmen.

- Das Tandoori Chicken mit der Raita servieren. Das warme Chapati separat dazu reichen.

Meine Tipps:

- *Das Zerkleinern der Kümmelsamen klappt am besten, wenn man sie mit etwas Butter mischt, dann springen sie nicht vom Brett.*

- *Raita ist fester Bestandteil der indischen Küche. Die gewürzte Sauce auf Joghurtbasis hat eine kühlende Wirkung und wird daher häufig zu scharfen Gerichten gereicht, um diese etwas zu mildern.*

AUFGEFISCHT

Fisch & Meeresfrüchte

81

ORANGENFORELLE

mit Gewürzbutter und jungem Spinat

Vorbereitung: 20 Min. • Grillzeit: 20–25 Min. • Methode: indirekt

Für vier Männer

Für die Butter:
- 1 Bund Dill
- 1 kleine Knoblauchzehe
- Abrieb von 1 Biolimette
- 1 EL gutes Olivenöl
- 250 g zimmerwarme Butter
- 2 Spritzer Tabasco
- Salz
- Pfeffer aus der Mühle

Für den Fisch:
- 4 frische Forellen (à ca. 300 g; küchenfertig)
- 1 Bioorange
- ½ Bund Estragon
- 4 EL Gewürzbutter, zerlassen

Für den Spinat:
- 150 g junger Spinat
- 4 EL Granatapfelkerne
- 3 EL Walnüsse, grob zerkleinert
- 6 EL Maracujasaft
- 3 EL gutes Olivenöl

Außerdem:
- Knoblauchpresse
- feine Küchenreibe
- Fischzange(n) für 4 Fische
- Rapsöl zum Fetten der Fischzange(n)

Zubereitung

- Den Grill vorbereiten auf indirekte Hitze 180 °C, mittlere Rosthöhe und geschlossenen Deckel.

- Für die Butter den Dill waschen, trocken schütteln und fein schneiden. Den Knoblauch abziehen und durchpressen oder fein hacken. Dill und Knoblauch mit Limettenabrieb, Olivenöl, Butter und Tabasco verrühren. Mit Salz und Pfeffer abschmecken.

- Die Forellen kalt abspülen und mit Küchenpapier trocken tupfen. Von innen mit Salz und Pfeffer würzen. Die Orange heiß abwaschen, kräftig trocken reiben und die Schale dünn abreiben. Die Frucht halbieren, mit der Schnittfläche nach unten auf die Arbeitsfläche stellen und die Hälften in Scheiben schneiden. Den Estragon waschen und trocken schütteln. Die Forellen mit Orangenscheiben und Estragonstängeln füllen, mit der Gewürzbutter bestreichen und in die leicht geölte(n) Fischzange(n) einspannen.

- Die Forellen bei indirekter Hitze und geschlossenem Deckel 20–25 Minuten garen, dabei etwa alle 5 Minuten wenden und immer wieder mit Gewürzbutter bestreichen.

- In der Zwischenzeit den Spinat waschen, verlesen und trocken schleudern, dann mit Granatapfelkernen und Walnüssen mischen. Maracujasaft und Olivenöl verquirlen, mit Salz und Pfeffer abschmecken. Die Spinatblätter mit dem Dressing marinieren.

- Die Forellen aus den Zangen lösen, auf Teller verteilen und mit dem Spinatsalat servieren.

Mein Tipp:

- *Feine Fischfilets neigen beim Grillen zum Auseinanderfallen. Daher gart Mann sie am besten in einer Grillzange beziehungsweise einem Paket aus Bananenblättern oder Backpapier verpackt. Der Vorteil ist, dass sich in dem Päckchen der Dampf fängt und der Fisch ein besonders schönes Aroma bekommt.*

Dow eases as
investors

LACHS

IM WOCHENBLATT

Vorbereitung: 20 Min. • Grillzeit: 45–50 Min. • Methode: indirekt

Für vier Männer

Für den Fisch:
- 1 Seite frischer Lachs (ca. 800–1000 g; mit Haut)

Für die Marinade:
- 1 TL Fenchelsamen
- ¼ TL Koriandersamen
- 1 TL bunte Pfefferkörner
- 1 TL Chiliflocken
- 1 Prise Zucker
- 1 EL grobes Meersalz
- 3 Bund frische Kräuter (z.B. glatte Petersilie, Basilikum, Brunnenkresse)
- Abrieb von 1 Biozitrone
- 100 ml Olivenöl

Außerdem:
- Rapsöl zum Fetten des Rosts
- Mörser
- Salz
- Tageszeitung
- Küchengarn

Zubereitung

- Den Grill vorbereiten auf indirekte Hitze 220–230 °C, mittlere Rosthöhe und geschlossenen Deckel. Den Grillrost einfetten.
- Die Lachsseite kalt abspülen und mit Küchenpapier trocken tupfen. Für die Marinade Fenchel, Koriander, Pfeffer, Chiliflocken, Zucker und Meersalz im Mörser fein zerstoßen. Die Kräuter waschen und trocken schütteln. Die Blätter abzupfen und fein hacken. Gewürze, Kräuter, Zitronenabrieb und Olivenöl vermengen.
- In einer großen Schüssel 1 Liter Wasser und 6 EL Salz gut verrühren. Das Zeitungspapier lagenweise auf der Arbeitsfläche ausbreiten und jede Lage mit etwas Salzwasser befeuchten. Auf der obersten Lage im vorderen Drittel die Hälfte der Marinade verteilen, den Fisch mit der Hautseite auflegen und die Oberseite mit der restlichen Kräutermarinade bedecken. Die Seiten der Zeitung zur Mitte hin einschlagen, den Fisch in das Papier stramm einrollen und mit Küchengarn zusammenschnüren. Das Paket unter dem Wasserhahn oder mit dem restlichen Salzwasser befeuchten.
- Den Fisch im Zeitungspaket auf dem Rost bei indirekter Hitze und geschlossenem Deckel 45–50 Minuten garen, dabei den Fisch nach der Hälfte der Garzeit einmal wenden.
- Das Päckchen vom Grill nehmen, vorsichtig öffnen und servieren.

Meine Tipps:

- *Natürlich können Sie dieses Gericht auch mit ganzen Fischen zubereiten, z.B. mit einer Dorade oder Forelle.*
- *Wer sich etwas Gedanken um das Gedruckte macht, der legt zum Schluss, bevor der Lachs in die klugen Worte gewickelt wird, ein Stück Backpapier dazwischen.*

MIESMUSCHELN

im Rieslingsud aus dem Dutch Oven

Vorbereitung: 30 Min. • Grillzeit: 35 Min. • Methode: direkt/indirekt

Für vier Männer

Für die Muscheln:
- 2 kg Miesmuscheln
- 200 g Zwiebeln
- 2 Knoblauchzehen
- 1 Chilischote
- 1 Bund Suppengrün (Sellerie, Möhre, Lauch)
- 6 Tomaten
- 100 ml Olivenöl
- 250 ml zimmerwarmer Riesling
- 2 EL Kräuter de Provence
- 1 EL brauner Zucker
- 1 Päckchen Vanillezucker
- Meersalz
- Pfeffer aus der Mühle

Außerdem:
- Dutch Oven

Zubereitung

• Den Grill vorbereiten auf direkte/indirekte Hitze 180–200 °C, mittlere Rosthöhe und geschlossenen Deckel. Den Dutch Oven über der direkten Hitze des angeheizten Grills heiß werden lassen.

• Die Miesmuscheln unter fließendem kaltem Wasser gründlich waschen und abtropfen lassen. Bereits geöffnete oder beschädigte Exemplare aussortieren.

• Zwiebeln und Knoblauch abziehen und in feine Würfel schneiden. Die Chilischote waschen, längs halbieren, entkernen und fein hacken. Das Suppengrün nach Bedarf schälen, sonst putzen und waschen und in kleine Würfel schneiden. Die Tomaten waschen und ohne Stielansatz ebenfalls würfeln.

• Das Olivenöl im Dutch Oven erhitzen. Zwiebeln, Knoblauch, Chili, Suppengemüse und Tomaten darin 4–5 Minuten anschwitzen. Riesling, Kräuter, Zucker, Vanillezucker und 1 Esslöffel Meersalz dazugeben. Den Sud kurz erhitzen und noch einmal mit Salz und Pfeffer abschmecken.

• Die Muscheln dazugeben, alles kurz durchrühren und den Deckel auflegen. Den Topf in die Zone indirekter Hitze ziehen – falls auf Kohlen gegrillt wird, ca. 15 glühende Briketts auf den Deckel legen (siehe Tipp) – und die Muscheln 30 Minuten grillen. Nach der Hälfte der Garzeit die Muscheln einmal durchrühren – bei Benutzung eines Gasgrills einmal mehr durchrühren.

• Den Dutch Oven vom Grill nehmen, ungeöffnete Muscheln entsorgen, den Rest auf Teller verteilen und servieren.

Meine Tipps:

• *Muscheln gibt es in der Regel frisch nur in Monaten, die mit einem „r" enden.*

• *Wer einen Dutch Oven verwendet, sollte immer etwas Hitze von oben geben – das erreicht man, wenn man ein paar Kohlestücke auf den Deckel legt. Bei hoher Oberhitze, das heißt vielen Kohlenstücken gelingt sogar ein Gratinieren. Wer den Dutch Oven im Gasgrill verwendet, kann trotzdem einige Grillbriketts kurz auf direkter Hitze vorglühen und dann auf den Deckel legen – dort glühen sie dann durch.*

WOLFSBARSCH

MIT BACONCHIP UND GLASIERTEN JOHANNISBEEREN

Vorbereitung: 20 Min. • Grillzeit: 25–27 Min. • Methode: indirekt

Für vier Männer

Für den Fisch:
- 4 Wolfsbarschfilets (à ca. 120 g)
- 4 EL Olivenöl
- Saft von 1 Limette
- Salz
- Pfeffer aus der Mühle

Für den Chip:
- 4 dünne Scheiben Bacon
- 1–2 Beete Shiso- oder Gartenkresse

Für die Johannisbeeren:
- 100 g Rote Johannisbeeren
- 2 Zweige Rosmarin
- 1 Schalotte
- 1 EL Waldhonig
- 2 EL Olivenöl
- Saft von 2 Orangen
- 50 ml Pernod

Außerdem:
- Rapsöl zum Fetten von Rost oder Grillplatte
- Grillschale (siehe Seite 15)

Zubereitung

- Den Grill vorbereiten auf indirekte Hitze 200–220 °C, mittlere Rosthöhe und geschlossenen Deckel. Den Grillrost oder eine Grillplatte leicht einfetten.
- Den Wolfsbarsch kalt abspülen, mit Küchenpapier trocken tupfen und in eine Grillschale legen, dann von beiden Seiten mit Olivenöl und Limettensaft sorgfältig einpinseln. Mit Salz und Pfeffer würzen. Das restliche Olivenöl in der Schale verteilen.
- Für den Chip den Bacon auf dem Rost oder der Grillplatte bei indirekter Hitze offen ca. 15 Minuten grillen, bis er schön kross ist. Von der Hitze nehmen und auf Küchenpapier abtropfen lassen.
- Die Johannisbeeren kalt abspülen und von den Rispen streifen. Den Rosmarin waschen und trocken schütteln. Die Nadeln von den Zweigen zupfen und fein hacken. Die Schalotte abziehen und fein würfeln.
- Honig, Olivenöl, Orangensaft und Schalotten in einem kleinen Topf auf dem Herd erhitzen und den Sud leicht einkochen. Johannisbeeren, Rosmarin und Pernod dazugeben, ebenfalls kurz erhitzen, dann den Topf von der Hitze nehmen.
- Den Fisch in der Grillschale auf dem Grill bei indirekter Hitze und geschlossenem Deckel 10–12 Minuten garen.
- Den Wolfsbarsch mit den glasierten Johannisbeeren auf Tellern anrichten, mit je einem Baconchip garnieren und mit der Kresse bestreut servieren.

SEEBARSCH

GERÄUCHERT MIT COTTAGE CHEESE

Vorbereitung: 30 Min. + 30 Min. Marinierzeit • Grillzeit: 10–12 Min. • Methode: indirekt

Für vier Männer

Für den Fisch:
- 4 Seebarschfilets (à 120–150 g; ohne Haut)
- 1 dicke Zucchini
- 1 Fenchelknolle
- 2 dicke Möhren
- 4 Stängel Basilikum

Für die Marinade:
- 4 EL Olivenöl
- 4 EL Weißwein
- 1 EL Tomatenmark
- Salz
- Pfeffer aus der Mühle

Für den Cottage Cheese:
- 1 Bund Dill
- 400 g Hüttenkäse
- 1 Msp. Cayennepfeffer
- 1 Prise Zucker

Außerdem:
- Aufschnittmaschine oder Gemüsehobel
- Zahnstocher zum Fixieren (siehe Seite 13)
- 2–4 Bananenblätter (je nach Größe)
- 1 Handvoll Holzchips, gut gewässert
- Räucherbox (bei Verwendung eines Gasgrills)
- Rapsöl zum Fetten des Rosts

Zubereitung

- Die Seebarschfilets kalt abspülen und mit Küchenpapier trocken tupfen. Zucchini und Fenchel waschen und halbieren. Den Fenchelstrunk keilförmig herausschneiden. Die Möhren schälen. Das Gemüse am besten mit der Aufschnittmaschine oder über einen Gemüsehobel in dünne Scheiben schneiden.

- Für die Marinade Olivenöl, Weißwein und Tomatenmark verrühren. Mit Salz und Pfeffer kräftig abschmecken. Den Fisch in einer flachen Auflaufform in der Marinade wenden und mit Frischhaltefolie abgedeckt im Kühlschrank 30 Minuten kalt stellen.

- In der Zwischenzeit den Grill vorbereiten auf indirekte Hitze 200–220 °C, mittlere Rosthöhe und geschlossenen Deckel. Den Grillrost einfetten.

- Für den Cottage Cheese den Dill waschen, trocken schütteln und fein schneiden. Hüttenkäse und Dill verrühren. Mit Cayennepfeffer, Zucker, Salz und Pfeffer abschmecken. Die Bananenblätter kurz auf dem Grill bei direkter Hitze von beiden Seiten jeweils 2–3 Minuten angrillen, so werden sie weicher und lassen sich besser verarbeiten.

- Die Bananenblätter kurz abkühlen lassen, dann auf der Arbeitsfläche ausbreiten und bei Bedarf ein wenig zurechtschneiden. Die Gemüsescheiben mittig auf den Bananenblättern verteilen, den Fisch auflegen und mit der restlichen Marinade beträufeln. Mit Salz und Pfeffer nachwürzen.

- Das Basilikum waschen, trocken schütteln und auf den Fisch legen. Die seitlichen Bananenblattränder über dem Fisch zusammenschlagen, oberes und unteres Ende ebenfalls zur Mitte hin einschlagen und die Ränder mit abgetropften Zahnstochern fixieren. Die gewässerten Holzchips auf den glühenden Kohlen verteilen, bei Benutzung eines Gasgrills alternativ die Holzchips über der direkten Hitze in einer Räucherbox platzieren. Die Fischpäckchen auf dem Rost bei indirekter Hitze 10–12 Minuten grillen, dabei nach der Hälfte der Zeit einmal wenden.

- Die Bananenpäckchen auf Teller verteilen und leicht geöffnet mit dem Cottage Cheese servieren.

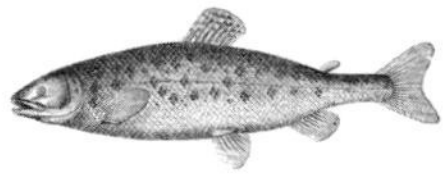

LACHSSPIESSE

mit Szechuanpfefferkruste auf Mangosalat

Vorbereitung: 30 Min. • Marinierzeit: 1 Std. • Grillzeit: 12–15 Min. • Methode: direkt/indirekt

Für vier Männer

Für den Salat:
- 1 Stange Zitronengras
- 1 Chilischote
- Saft von 1 Limette
- 6 EL Erdnussöl
- 2 EL Fischsauce (aus dem Asialaden)
- 1 EL brauner Zucker
- 1 Mango
- 2 dicke Möhren
- 1 rote Zwiebel
- 1 Handvoll Mungobohnensprossen
- 2–3 Stängel Minze
- 2–3 Stängel Koriandergrün
- 4 EL gesalzene Erdnüsse
- 2 Zweige Thaibasilikum

Für den Fisch:
- 4 EL roher Milchreis
- 4 Stangen Zitronengras, gewässert
- 600 g Lachsfilets (mit Haut)
- 4 EL Olivenöl
- 1 EL Szechuanpfefferbeeren, zerstoßen
- Fleur de Sel

Außerdem:
- Grillschale (siehe Seite 15)
- Mörser
- Rapsöl zum Fetten des Rosts

Zubereitung

• Für den Salat das Zitronengras waschen, trocknen und mit dem Griff eines schweren Messers mehrmals anklopfen. Die Chilischote waschen, längs halbieren, entkernen und fein hacken. Zitronengras, Chili, Limettensaft, Erdnussöl, Fischsauce und Zucker verrühren und ca. 1 Stunde ziehen lassen.

• Den Grill vorbereiten auf direkte/indirekte Hitze 150–160 °C, mittlere Rosthöhe und geschlossenen Deckel. Den Grillrost gut einfetten.

• Die Mango schälen, das Fruchtfleisch links und rechts vom Stein schneiden (siehe Tipp Seite 114) und in feine Stifte teilen. Die Möhren schälen und raspeln. Die Zwiebel abziehen, halbieren und in feine Ringe schneiden. Die Sprossen in einem Sieb kurz mit sehr heißem Wasser übergießen und abtropfen lassen. Minze und Koriander waschen und trocken schütteln. Die Kräuterblätter abzupfen und fein schneiden. Mango, Möhren, Zwiebel, Sprossen und Kräuter in einer großen Schüssel mischen. Das Zitronengras aus der Vinaigrette entfernen und den Salat mit der Sauce marinieren.

• Für den Fisch die Milchreiskörner in der Grillschale verteilen und bei direkter Hitze goldbraun rösten. In einen Mörser umfüllen und zerstoßen. Das Zitronengras abtrocknen und das obere Ende etwas „anspitzen", damit es sich besser durch den Fisch stechen lässt. Das Lachsfilet kalt abspülen, mit Küchenpapier trocken tupfen, in Portionsstücke schneiden und auf die abgetropften Zitronengrasspieße aufstecken. Das Fischfleisch mit Olivenöl einpinseln, in den Milchreisbröseln wälzen, zusätzlich die Fleischseite mit Szechuanpfeffer und Fleur de Sel bestreuen.

• Die Lachsspieße auf dem Rost mit der Hautseite nach unten 1–2 Minuten angrillen, dann in die Zone indirekter Hitze ziehen und bei geschlossenem Deckel 10 Minuten fertig grillen, nach der Hälfte der Zeit einmal wenden.

• Den Mangosalat auf Teller verteilen, mit Erdnüssen und Thaibasilikum garnieren. Die Lachsspieße darauf angerichtet servieren.

Mein Tipp:

• *Anstelle von Milchreis können Sie die Lachsspieße auch durch zerbröselte Tortillachips wälzen.*

BONDAGE-LACHS

mit geräuchertem Sellerie

Vorbereitung: 20 Min. • Grillzeit: 40–50 Min. • Methode: indirekt

Für vier Männer

Für den Sellerie:
- 1 kleiner Kopf Sellerie
- Salz
- 4 EL Olivenöl
- Saft von 1 Zitrone
- Pfeffer aus der Mühle

Für den Fisch:
- 4 Lachsfilets (à 150 g; mit Haut)
- 1 Bund gemischte Küchenkräuter (z.B. glatte Petersilie, Basilikum, Oregano, Thymian, Rosmarin)
- 4–6 EL Teriyakisauce

Außerdem:
- Küchengarn
- ½ Handvoll Holzchips, gut gewässert
- Räucherbox (bei Verwendung eines Gasgrills)
- Rapsöl zum Fetten des Rosts

Zubereitung

• Den Grill vorbereiten auf indirekte Hitze 180–200 °C, mittlere Rosthöhe und geschlossenen Deckel. Den Grillrost einfetten.

• Den Sellerie schälen und in ca. 2 Zentimeter dicke Scheiben schneiden. Die Scheiben in kochendem Salzwasser 8 Minuten blanchieren. In Eiswasser abschrecken und gut abtropfen lassen, dann mit Olivenöl, Zitronensaft, Salz und Pfeffer würzen.

• Für den Fisch die Lachsfilets kalt abspülen und mit Küchenpapier trocken tupfen. Die Kräuter waschen und trocken schütteln. Die Fleischseite der Filets mit Teriyakisauce einpinseln. Die Kräuter auf dem Lachs verteilen und je 2 Filets zusammenklappen. Die Hälften mit Küchengarn fixieren und gut verschnüren.

• Die gewässerten Holzchips auf den Kohlen verteilen, bei Benutzung eines Gasgrills alternativ die Holzchips über der direkten Hitze in einer Räucherbox platzieren und die Selleriescheiben darauf bei indirekter Hitze und geschlossenem Deckel 8–10 Minuten von beiden Seiten leicht räuchern.

• Den Sellerie vom Grill nehmen. Den Grill 5–10 Minuten geöffnet stehen lassen, dann den Rost nochmals fetten und die Fischpakete darauf in der Zone indirekter Hitze bei geschlossenem Deckel 30–40 Minuten grillen, dabei nach der Hälfte der Zeit einmal wenden.

• Die geräucherten Selleriescheiben vor dem Servieren auf dem Grill noch einmal erhitzen und zusammen mit dem Bondage-Lachs servieren.

Meine Tipps:

• *Die Fischpakete sind gar, wenn die Kerntemperatur 55–57 °C erreicht hat.*

• *Dieses Rezept funktioniert zum Beispiel auch mit einem Zanderfilet sehr gut. Da die Fischstücke etwas dünner sind und einen geringeren Fettanteil besitzen, reduziert sich hier natürlich die Garzeit auf etwa die Hälfte.*

JAKOBSMUSCHELN

im Tiroler Speckmantel auf Spitzpaprikasalsa

Vorbereitung: 20 Min. • Grillzeit: 15–20 Min. • Methode: direkt/indirekt

Für vier Männer

Für die Salsa:
- je 1 rote, gelbe und hellgrüne Spitzpaprikaschote
- ½ Bund glatte Petersilie
- 1 Bund Basilikum
- 2 Schalotten
- 2 Knoblauchzehen
- 2 Chilischoten
- 100 g Kirschtomaten
- 2 EL reifer, dunkler Aceto balsamico
- 6–8 EL gutes Olivenöl
- Salz
- Pfeffer aus der Mühle

Für die Muscheln:
- 8 Scheiben Tiroler Schinkenspeck
- 8 Jakobsmuscheln
- 4 Stangen Zitronengras, gewässert
- gutes Olivenöl
- Saft von 1 Limette

Außerdem:
- Olivenöl zum Fetten von Paprikaschoten und Rost

Zubereitung

• Den Grill vorbereiten auf direkte/indirekte Hitze 180–200 °C, mittlere Rosthöhe und geschlossenen Deckel. Den Grillrost einfetten.

• Für die Salsa die Paprika waschen, trocknen und ebenfalls mit Öl einpinseln. Die Schoten auf dem Rost über der direkten Hitze bei geschlossenem Deckel 8–10 Minuten grillen, dabei gelegentlich wenden, bis sie fast schwarz sind. Die Paprika von der Hitze nehmen, in eine Auflaufform legen und mit Frischhaltefolie abgedeckt ca. 10 Minuten schwitzen lassen. So lässt sich die Haut ganz leicht abziehen.

• In der Zwischenzeit Petersilie und Basilikum waschen und trocken schütteln. Die Blätter abzupfen und hacken. Schalotten und Knoblauch abziehen und fein würfeln. Die Chilischoten waschen, längs halbieren, entkernen und fein hacken. Die Kirschtomaten waschen, trocknen und in Würfel schneiden.

• Die Paprikaschoten häuten, halbieren, entkernen und ebenfalls klein schneiden. Paprika, Kräuter, Schalotten, Knoblauch, Chili und Tomaten in einer Schüssel mit Essig und Öl mischen. Mit Salz und Pfeffer abschmecken.

• Für die Muscheln den Schinken auf der Arbeitsfläche ausbreiten, die Jakobsmuscheln auflegen und stramm einrollen. Das Zitronengras abtrocknen und das obere Ende etwas „anspitzen", damit es sich besser durch die Muscheln stechen lässt. Eventuell zu dicke Stangen der Länge nach halbieren und je 2 Jakobsmuschel-Schinken-Röllchen auf einen Zitronengrasspieß stecken. Mit Olivenöl und Limettensaft beträufeln.

• Den Grillrost noch einmal einfetten und die Spieße darauf bei indirekter Hitze und geschlossenem Deckel 3–4 Minuten von jeder Seite grillen.

• Die Jakobsmuscheln im Speckmantel auf Teller verteilen und mit der Salsa beträufelt servieren.

Empire Fruit

FELDJÄGER
Vegetarisch & Vegan
99

VEGGIEBULETTEN

MIT KORIANDER UND CRANBERRYCHUTNEY

Vorbereitung: 30 Min. • Grillzeit: 6 Min. • Methode: direkt

Für vier Männer

Für das Chutney:
- 1 rote Zwiebel
- 1 Stück Ingwer (2 cm)
- 1 Chilischote
- 1 Handvoll getrocknete Apfelringe
- 3 EL brauner Zucker
- 100 g getrocknete Cranberrys
- 2 EL Himbeeressig
- 100 ml Apfelsaft
- 1 Prise Lebkuchengewürz
- 1 Spritzer Limettensaft
- 1 Prise Zucker, Salz

Für die Buletten:
- 1 Möhre
- 100 g Sellerie
- 1 Stück Ingwer (2 cm)
- 1 Schalotte
- 1 Stange Lauch
- 4 EL Olivenöl
- 250 g rote Linsen
- 1 Ei
- Saft von 1 Limette
- 1 TL Currypulver
- 1 Prise Cayennepfeffer
- Pfeffer aus der Mühle
- 1–2 EL Semmelbrösel

Außerdem:
- Rapsöl zum Fetten der Grillplatte

Zubereitung

- Den Grill vorbereiten auf direkte Hitze 180–200 °C, mittlere Rosthöhe und geschlossenen Deckel. Die Grillplatte mit Öl großzügig einpinseln.

- Für das Chutney die Zwiebel abziehen, den Ingwer schälen und beides fein würfeln. Die Chilischote waschen, längs halbieren, entkernen und fein hacken. Die Apfelringe klein scheiden, mit Zwiebel, Ingwer, Chili, Zucker, Cranberrys, Himbeeressig, Apfelsaft und Lebkuchengewürz in einem Topf auf dem Herd aufkochen und bei mittlerer Hitze ca. 10 Minuten köcheln lassen. Mit Limettensaft, Zucker und Salz abschmecken.

- Für die Buletten Möhre, Sellerie und Ingwer schälen, die Schalotte abziehen. Alles fein würfeln. Den Lauch gründlich waschen und das mittlere Drittel ebenfalls klein schneiden. Das Olivenöl in einem Topf erhitzen und das Gemüse darin bei mittlerer Hitze anschwitzen. Die Linsen gründlich abspülen und zum Gemüse geben. Gemüse und Linsen mit Wasser bedecken, kurz aufkochen und bei schwacher bis mittlerer Hitze (siehe Tipp) 12–15 Minuten gar ziehen lassen.

- Das überschüssige Wasser abgießen, das Linsengemüse in der Küchenmaschine oder im leistungsstarken Standmixer kurz zerkleinern. Das Ei dazugeben, dann die Masse mit Limettensaft, Currypulver, Cayennepfeffer, Salz und Pfeffer abschmecken. So viele Semmelbrösel untermischen, dass sich aus der Linsenmasse gut Buletten formen lassen.

- Die Linsenbuletten auf der Grillplatte über der Zone direkter Hitze bei geschlossenem Deckel von jeder Seite 3 Minuten grillen.

- Die Buletten mit dem Cranberrychutney auf Tellern anrichten und servieren. Dazu passt ein frischer Salat.

Meine Tipps:

- *Die Buletten eignen sich auch super als Pattys für vegetarische Burger.*

- *Wenn rote Linsen zu stark kochen, platzen sie. Daher rote Linsen einmal aufkochen lassen und mit wenig Hitze gar ziehen lassen.*

GEMÜSESTREIFEN

im Tortillamantel mit Avocadocreme

Vorbereitung: 30 Min. • Grillzeit: 8–10 Min. • Methode: direkt/indirekt

Für vier Männer

Für die Creme:
- 1–2 Avocados
- 200 g Frischkäse
- Abrieb und Saft von 1 Biolimette
- Salz
- Pfeffer aus der Mühle

Für die Streifen:
- 4 dicke Möhren
- 1 Kopf Sellerie
- 1 Kohlrabi
- 1 Fenchelknolle
- 2 Zucchini
- 12 Stangen Thaispargel
- 4 Schalotten
- 2–3 EL Olivenöl
- 1 Spritzer Zitronensaft

Für die Tortillas:
- 3 Tomaten
- 4 Weizentortillas
- 1 Handvoll Jalapeños

Außerdem:
- Aufschnittmaschine oder Sparschäler
- Grillschale (siehe Seite 15) oder Grillplatte
- Olivenöl zum Fetten von Grillschale oder -platte

Zubereitung

- Den Grill vorbereiten auf direkte/indirekte Hitze 180–200 °C, mittlere Rosthöhe und geschlossenen Deckel. Die Grillschale oder -platte einfetten.

- Für die Creme die Avocado halbieren, den Kern entfernen, das Fruchtfleisch herauskratzen und mit einer Gabel pürieren. Avocado, Frischkäse und Limettenabrieb verrühren. Mit Limettensaft, Salz und Pfeffer abschmecken. Die Creme im Kühlschrank abgedeckt kalt stellen.

- Für die Streifen Möhren, Sellerie und Kohlrabi schälen. Den Fenchel waschen, längs halbieren und den harten Strunk keilförmig herausschneiden. Die Zucchini waschen. Das gesamte Gemüse mit der Aufschnittmaschine oder dem Sparschäler in lange, dünne Streifen schneiden. Die Schalotten schälen und mit dem Messer ebenfalls in Streifen schneiden. Die Gemüsestreifen in einer Schüssel mit Olivenöl, Salz und Pfeffer marinieren.

- Das Gemüse in der Grillschale oder auf der -platte bei direkter Hitze und geschlossenem Deckel 5–6 Minuten garen, dabei gelegentlich drehen. Das Gemüse in die Zone indirekter Hitze ziehen, mit Zitronensaft, Salz und Pfeffer abschmecken und einige Minuten nachgaren.

- In der Zwischenzeit für die Tortillas die Tomaten waschen, halbieren, entkernen und ohne Stielansatz fein würfeln. Die Weizentortillas mit etwas Wasser einpinseln und bei direkter Hitze von beiden Seiten jeweils ca. 1 Minute angrillen.

- Die Tortillas mit der Avocadocreme großzügig bestreichen, mit Tomatenwürfeln und Jalapeños bestreuen, mit dem Gemüse belegen, stramm einrollen und genießen.

Mein Tipp:

- *Die Gemüsestreifen nach Belieben zusätzlich mit mediterranen Kräutern oder asiatischen Gewürzen abschmecken.*

SÜSSKARTOFFELRÖSTI

MIT PIKANTEM APFELDIP UND SCHMAND

Vorbereitung: 30 Min. • Grillzeit: 5–6 Min. • Methode: direkt

Für vier Männer

Für den Dip:
- 4 süß-säuerliche Äpfel (Sorte Boskop)
- 1 rote Zwiebel
- 1 rote Chilischote
- 2 EL Erdnussöl
- 1 TL Currypulver
- 200 ml Apfelsaft
- Saft und Abrieb von 1 Biozitrone
- 2 EL Honig
- Salz
- Pfeffer aus der Mühle

Für die Rösti:
- 3 Süßkartoffeln
- 3 Schalotten
- 2 EL Olivenöl

Für den Schmand:
- 200 g Schmand

Außerdem:
- Grillplatte oder gusseiserne Pfanne
- Olivenöl zum Fetten von Grillplatte oder gusseiserner Pfanne

Zubereitung

• Den Grill vorbereiten auf direkte Hitze 200 °C, mittlere Rosthöhe und geschlossenen Deckel. Die Grillplatte oder eine gusseiserne Pfanne über der direkten Hitze erhitzen und mit Olivenöl einpinseln.

• In der Zwischenzeit für den Dip die Äpfel schälen, vierteln, entkernen und mit der abgezogenen Zwiebel fein würfeln. Die Chilischote waschen, längs halbieren, entkernen und fein hacken.

• Das Erdnussöl in einem kleinen Topf auf dem Herd erhitzen. Äpfel, Zwiebel und Chili darin anschwitzen. Das Currypulver einstreuen und mit anschwitzen. Apfelsaft, Zitronensaft und -abrieb sowie Honig dazugeben. Mit Salz und Pfeffer würzen, verrühren und bei mittlerer Hitze ca. 12 Minuten sämig einkochen, bis die Äpfel weich sind. Den Topf von der Hitze nehmen und den Inhalt abkühlen lassen.

• Für die Rösti die Kartoffeln waschen, schälen und grob raspeln. Die Schalotten abziehen, längs halbieren und in Streifen schneiden. Beides in einer Schüssel mit dem Olivenöl vermengen. Mit Salz und Pfeffer abschmecken.

• Die Süßkartoffelmasse zu Rösti formen, auf die heiße Grillplatte geben, leicht flach drücken und bei geschlossenem Deckel 5–6 Minuten grillen, nach der Hälfte der Zeit einmal wenden. In dieser Zeit den Schmand glatt rühren. Mit Salz und Pfeffer würzen.

• Die Rösti mit dem Apfeldip auf Tellern anrichten und mit einem Klecks Schmand servieren.

Mein Tipp:

• *In der Kürbiszeit kann Mann die Rösti auch mit Kürbis zubereiten oder aber verschiedenes Gemüse dazugeben.*

GRAUPEN-PAELLA

VEGETARISCH

Vorbereitung: 30 Min. • Grillzeit: 25 Min. • Methode: direkt

Für vier Männer

Für die Paella:
- 250 g Graupen
- 4 Schalotten
- 3 Knoblauchzehen
- 3 Frühlingszwiebeln
- 1 rote Paprikaschote
- 1 gelbe Paprikaschote
- 1 Handvoll Zuckerschoten
- 100 g kleine Champignons
- 1 kleine Knolle Fenchel
- ½ Bund Basilikum
- 3 EL Olivenöl
- 1 Msp. gemahlene Kurkuma
- 1 TL Paprikapulver edelsüß
- 1 Msp. Safranfäden
- 100 g gehackte Tomaten (aus der Dose)
- 600 ml Gemüsefond
- Salz
- 100 g Erbsen (TK-Ware)
- 1 Spritzer Tabasco
- Pfeffer aus der Mühle

Außerdem:
- gusseiserne Pfanne

Zubereitung

• Den Grill vorbereiten auf direkte Hitze 180–200 °C, mittlere Rosthöhe und geschlossenen Deckel. Die gusseiserne Pfanne auf dem Grill vorheizen.

• In der Zwischenzeit die Graupen kalt abspülen und in einem Sieb abtropfen lassen. Schalotten und Knoblauch abziehen und fein würfeln. Die Frühlingszwiebeln waschen, trocken schütteln, den Wurzelansatz entfernen und den weißen bis hellgrünen Teil in Ringe schneiden. Die Paprikas waschen, halbieren, entkernen und in Würfel schneiden. Die Zuckerschoten waschen und einmal halbieren. Die Champignons putzen, bei Bedarf mit Küchenpapier trocken abreiben und vierteln. Den Fenchel waschen, vierteln, den Strunk keilförmig herausschneiden und die beiden Hälften in Streifen schneiden. Das Basilikum waschen und trocken schütteln. Die Blätter abzupfen und fein schneiden.

• Das Olivenöl in der gusseisernen Pfanne über der direkten Hitze erhitzen. Schalotten und Knoblauch darin mit den Graupen glasig anschwitzen. Kurkuma, Paprikapulver und Safranfäden dazugeben, mit der Hälfte der Tomaten und des Fonds auffüllen, etwas salzen und 10–15 Minuten offen einköcheln lassen. Wenn nach dieser Zeit die Flüssigkeit verdampft ist, den Vorgang wiederholen, dabei Frühlingszwiebeln, Paprika, Zuckerschoten, Champignons, Fenchel, Erbsen und die restlichen gehackten Tomaten dazugeben. Das Ganze nochmals 10 Minuten garen, bis das Gemüse bissfest ist und die Graupen gar sind. Mit etwas Tabasco, Salz und Pfeffer abschmecken.

• Die vegetarische Graupen-Paella auf Teller oder Schüsseln verteilen und mit Basilikum bestreut servieren.

Mein Tipp:

• *Wer mag, kann natürlich auch verschiedenste andere Gemüsesorten dazugeben.*

TOPFBROT

MIT ROSMARIN UND CHILIFLOCKEN

Vorbereitung: 15 Min. + 20 Min. Gehzeit • Grillzeit: 45–50 Min. • Methode: indirekt

Für vier Männer

Für das Brot:
- 1 Knoblauchzehe
- 2 Zweige Rosmarin
- 3 EL brauner Zucker
- 3 EL Waldhonig
- 1–2 TL Meersalz
- 500 g Maismehl
- 1 EL Backpulver
- 1 EL Chiliflocken
- 3 EL Erdnussöl
- 200 g Joghurt oder Buttermilch
- 1 EL Salzflocken

Außerdem:
- Dutch Oven
- Olivenöl zum Fetten des Dutch Oven
- Milch zum Bepinseln des Teigs

Zubereitung

- Für das Brot den Knoblauch abziehen. Den Rosmarin waschen und trocken schütteln. Die Nadeln abzupfen und mit dem Knoblauch fein hacken. 300 Milliliter Wasser mit Zucker, Honig und Meersalz in einem kleinen Topf auf dem Herd oder Grill erwärmen, bis der Zucker aufgelöst ist.

- Maismehl, Backpulver und Chiliflocken vermischen. Die flüssigen Zutaten aus dem Topf, Erdnussöl und Joghurt zur Mehlmischung geben und alles gut verkneten, bis ein geschmeidiger Teig entsteht. Den Dutch Oven einfetten. Den Teig zu einer Kugel formen, in den Dutch Oven legen und mit Milch bepinseln. Den Deckel auflegen und den Teig ca. 20 Minuten gehen lassen.

- Den Grill vorbereiten auf indirekte Hitze 180 °C, mittlere Rosthöhe und geschlossenen Deckel.

- Den Dutch Oven auf den Grillrost stellen und das Brot darin bei indirekter Hitze und geschlossenem Deckel ca. 35–40 Minuten backen (siehe Tipp unten und Seite 86).

- Den Dutch Oven öffnen, das Brot im Topf kurz ausdampfen lassen und weitere 10 Minuten offen backen, dann herausheben und abkühlen lassen. Zum Servieren das Topfbrot mit einigen Salzflocken bestreuen.

Mein Tipp:

- *Idealerweise einige Grillbriketts auf den Deckel legen, um auch von oben etwas Bräunung und eine Kruste zu bekommen.*

GEFÜLLTER KÜRBIS

mit Aprikosen und Bulgur

Vorbereitung: 20 Min. • Grillzeit: 30 Min. • Methode: indirekt

Für vier Männer

Für den Kürbis:
- 1 Hokkaidokürbis
- 200 g Couscous
- 2 rote Zwiebeln
- 1 Knoblauchzehe
- 1 rote Chilischote
- 100 g getrocknete Aprikosen
- 100 g Studentenfutter
- 3 EL Olivenöl
- 1 TL Currypulver
- 250 ml kräftige Gemüsebrühe
- Salz
- Pfeffer aus der Mühle
- 200 g Ricotta
- 100 g Sahne
- 2 Eier
- 1 Handvoll geriebener Gouda

Außerdem:
- Rapsöl zum Fetten des Rosts

Zubereitung

- Den Grill vorbereiten auf indirekte Hitze 180–200 °C, mittlere Rosthöhe und geschlossenen Deckel. Den Grillrost einfetten.

- Den Kürbis gründlich waschen, das obere Drittel abschneiden und die Kerne entfernen, dann das Kürbisfleisch bis auf einen 2 Zentimeter breiten Rand herauskratzen.

- Den Kürbis mit der Öffnung nach unten auf dem Rost bei indirekter Hitze 5 Minuten grillen, dann wenden und weitere 5 Minuten grillen. In der Zwischenzeit den Couscous nach Packungsangabe mit heißem Wasser oder mit Brühe aufgießen und quellen lassen.

- Das ausgekratzte Kürbisfleisch grob schneiden. Zwiebeln und Knoblauch abziehen und fein würfeln. Die Chilischote waschen, längs halbieren, entkernen und fein hacken. Die Aprikosen in Streifen schneiden. Das Studentenfutter mit Olivenöl und Currypulver in einem Topf auf dem Herd einige Minuten rösten, bis das Currypulver zu duften beginnt. Kürbisfleisch, Zwiebeln, Knoblauch, Chili und Aprikosen dazugeben und kurz erhitzen. Die Gemüsebrühe angießen und alles einige Minuten köcheln. Mit Salz und Pfeffer abschmecken.

- Ricotta, Sahne und Eier gut miteinander verrühren. Mit Salz und Pfeffer würzen. Die Eiermasse und das Kürbisgemüse unter den Couscous rühren, die Masse in den Kürbis füllen, mit geriebenem Gouda bestreuen und bei indirekter Hitze und geschlossenem Deckel 15 Minuten grillen.

- Den Kürbis auf einen großen Teller heben und im Ganzen servieren.

Mein Tipp:

- *Anstelle von Kürbis kann Mann saisonal auch Zucchini oder Paprika verwenden. Falls keine Zucchinikugeln zu bekommen sind, funktioniert auch die lange halbierte Variante.*

AUF ZUCKER

Desserts & Co.

113

SÜSSER FLAMMKUCHEN

mit Mango und Marshmallows

Vorbereitung: 10 Min. • Grillzeit: 16 Min. • Methode: indirekt

Für vier Männer

Für den Belag:
- 1 reife Mango
- 2 EL Crème fraîche
- 2 EL Apfelmus oder Konfitüre
- 2 EL Schokoraspeln
- 10 Marshmallows
- 4 EL Mandelblätter, geröstet
- 4 Kugeln Vanilleeis

Für die Flammkuchen:
- 2 Flammkuchenböden

Außerdem:
- Pizzastein
- Backpapier oder Mehl für den Pizzastein

Zubereitung

- Den Grill vorbereiten auf indirekte Hitze 220 °C, mittlere Rosthöhe und geschlossenen Deckel. Den Pizzastein auf dem Grill aufheizen.

- Für den Belag die Mango schälen, das Fruchtfleisch links und rechts vom Stein schneiden (siehe Tipp) und in Scheiben teilen. Die Flammkuchenböden mit der Crème fraîche bestreichen, dann das Apfelmus darüber verteilen. Die Fladen mit den Mangoscheiben belegen und mit den Schokoraspeln bestreuen. Die Marshmallows in Scheiben schneiden und ebenfalls auf den Flammkuchen verteilen.

- Jeden Flammkuchen entweder auf einen auf die Größe des Pizzasteins zugeschnittenen Bogen Backpapier legen oder den Pizzastein mit etwas Mehl bestreuen. Die Flammkuchen auf dem heißen Stein nacheinander jeweils ca. 8 Minuten bei indirekter Hitze und geschlossenem Deckel backen, bis der Teig leicht gebräunt ist.

- Die Flammkuchen mit Mandelblättern bestreuen, in Stücke schneiden und mit einer Kugel Vanilleeis servieren.

Mein Tipp:

- *Um das Mangofruchtfleisch nach dem Schälen gut vom Stein lösen zu können, am besten ein kleines Stück Fruchtfleisch von einer der kurzen Seiten abschneiden. Die Mango auf die Schnittfläche stellen, damit sie beim Schneiden nicht wegrutscht. Nun seitlich so dicht wie möglich am Stein entlangschneiden.*

U.S.A

• ZIMT-BLINI •

mit Apfel-Rhabarber-Kompott

Vorbereitung: 15 Min. + 30 Min. Gehzeit • Grillzeit: 4 Min. • Methode: direkt

Für vier Männer

Für die Blini:
- 3 Eier
- 5 EL Zucker
- 1 Msp. Trockenhefe
- 100 ml lauwarme Milch
- 150 g Mehl
- ½ TL gemahlener Zimt

Für das Kompott:
- 3 süß-säuerliche Äpfel (Sorte Braeburn)
- 3 Stangen Rhabarber
- Mark von 1 Vanilleschote
- 100 ml naturtrüber Apfelsaft
- 3 EL Zucker

Außerdem:
- Grillplatte
- Rapsöl zum Fetten der Grillplatte

Zubereitung

• Für die Blini die Eier trennen. Die Eiweiße in der Küchenmaschine oder mit den Quirlen des Handrührgeräts zu steifem Schnee schlagen, dabei 1 Prise Zucker einrieseln lassen und den Schnee noch 1 Minute weiter aufschlagen. Eigelbe und restlichen Zucker cremig aufschlagen. Die Hefe in der lauwarmen Milch auflösen. Mehl und Zimt mischen, dann löffelweise das Zimtmehl unterrühren. Abschließend den Eischnee unterheben. Den Teig ca. 30 Minuten ruhen lassen.

• In der Zwischenzeit den Grill vorbereiten auf direkte Hitze 170 °C, mittlere Rosthöhe und geschlossenen Deckel. Die Grillplatte erhitzen.

• Für das Kompott die Äpfel schälen, vierteln, entkernen und in mittelgroße Würfel schneiden. Den Rhabarber waschen, die Stangen entfädeln und ebenfalls in Stücke schneiden. Äpfel, Rhabarber, Vanillemark, Apfelsaft und Zucker im einem Topf auf dem Herd aufkochen und bei mittlerer Hitze ca. 10 Minuten einkochen.

• Die Grillplatte mit etwas Öl einfetten und darauf mit einem Esslöffel kleine Teigkleckse nebeneinandersetzen. Die Blini bei direkter Hitze und mit geschlossenem Deckel von jeder Seite 2 Minuten grillen. Die Blini von der Grillplatte nehmen und weitere Kleckse ausbacken, bis der komplette Teig aufgebraucht ist.

• Die Blini mit dem Apfel-Rhabarber-Kompott auf Tellern anrichten und servieren.

Mein Tipp:

• *Wer mag, kann den Teig auch in unterschiedliche Geschmacksrichtungen abändern. Dazu eignen sich zum Beispiel Kakaopulver, gemahlene Nüsse oder auch herzhafte Zutaten wie Chili. Dann allerdings den Zuckeranteil um 2 Esslöffel senken.*

MANDELKROKANT

MIT PFEFFER UND MASCARPONECREME

Vorbereitung: 15 Min. + 1 Std. Kühlzeit • Grillzeit: 10 Min. • Methode: direkt/indirekt

Für vier Männer

Für die Creme:
- 100 g Sahne
- 150 g Mascarpone
- 2 heiße Espressi
- 3 EL Zucker
- Abrieb von 1 Biolimette
- Mark von 1 Vanilleschote
- 1 EL Amaretto
- Salz
- 12 Erdbeeren
- 1 Prise Zucker
- 12 Amarettini (ital. Kekse)

Für den Krokant:
- 200 g Mandelkerne
- 250 g Zucker
- 4 EL Zuckerrübensirup
- 1 TL Fleur de Sel
- 1 EL Butter
- 2 EL Dosenmilch
- 1 EL rote Pfefferbeeren

Außerdem:
- Handrührgerät
- kleine Grillschale (siehe Seite 15)
- 4 kleine Dessertschalen

Zubereitung

- Für die Creme die Sahne mit den Quirlen des Handrührgeräts steif schlagen. Mascarpone und heiße Espressi glatt rühren, dann Zucker, Limettenabrieb, Vanillemark, Amaretto und 1 Prise Salz untermischen. Die geschlagene Sahne unterheben. Die Erdbeeren waschen, trocknen und ohne Stielansatz in kleine Stücke schneiden.

- Die Stücke mit dem Zucker vermengen und auf kleine Schalen verteilen. Die Amarettini in einem Frischhaltebeutel mit dem Nudelholz oder der flachen Seite des Fleischklopfers vorsichtig grob zerkleinern. Die Brösel über die Erdbeeren geben, die Mascarponecreme darauf verteilen und die Schalen im Kühlschrank mindestens 1 Stunde kalt stellen.

- Den Grill vorbereiten auf direkte/indirekte Hitze 185 °C, obere Rosthöhe und geschlossenen Deckel.

- Für den Krokant die Mandeln in eine Grillschale geben und über der direkten Hitze kurz gleichmäßig rösten. Zum Auskühlen in eine Schüssel umfüllen. Die Grillschale mit Backpapier auskleiden. Den Zucker gleichmäßig auf dem Backpapier verteilen und auf dem Rost über der direkten Hitze gleichmäßig langsam schmelzen, die Schale dazu immer mal wieder drehen beziehungsweise verschieben oder in die indirekte Zone ziehen.

- Den Sirup vorsichtig unter den flüssigen Zucker rühren (siehe Tipp) und den Karamell bernsteinfarben einkochen. Die Grillschale in die Zone indirekter Hitze ziehen, Fleur de Sel, Butter und Dosenmilch einrühren. Die Schale vom Grill nehmen, den Karamell gleichmäßig mit den Mandeln und Pfefferbeeren bestreuen und ca. 30 Minuten auskühlen lassen.

- Den Karamell in Stücke brechen und mit der Mascarponecreme servieren.

Meine Tipps:

- *Wenn Mann Krokant herstellt, diesen am besten mit einem geölten Löffel glatt streichen, so bleibt beim Verstreichen nichts am Löffel kleben.*

- *Karamell vor dem Erkalten nie berühren, denn er wird sehr heiß und es kann zu unangenehmen Verbrennungen kommen.*

EIS AM STIEL

GEBRANNT

Vorbereitung: 20 Min. + 2–3 Std. Kühlzeit • Grillzeit: 2–3 Min. • Methode: direkt

Für vier Männer

Für das Eis:
- 500 g gefrorene Himbeeren (TK-Ware)
- 2 EL Amaretto
- 2 EL Ahornsirup
- 5 EL Zucker
- Saft von ½ Limette
- 4 Stängel Basilikum
- 5 Eiweiß
- Salz
- 100 g gehackte Haselnusskerne

Für die Tarteletts:
- 4 Biskuittarteletts
- 4 TL Cointreau
- 4 TL Nuss-Nougat-Creme
- 4 TL Aprikosenkonfitüre
- 2 EL gehackte Pistazienkerne

Außerdem:
- kleines Backblech
- Stabmixer oder Standmixer
- 4 lange Holz-Eisstiele

Zubereitung

• Ein kleines Backblech mit Backpapier belegen und mindestens 1 Stunde im Tiefkühlfach einfrieren.

• Die gefrorenen Himbeeren mit Amaretto, Ahornsirup, 2 Esslöffel Zucker und Limettensaft in einem hohen Rührbecher mit dem Stabmixer oder im Standmixer kurz pürieren – die Beeren sollen noch gefroren bleiben. Das Basilikum waschen, trocken schütteln und einige Spitzen als Garnitur beiseitelegen. Die übrigen Blätter abzupfen und fein hacken, dann unter die pürierten Himbeeren rühren. Aus dem Püree 4 schöne, gleich große Eiskugeln – vom Durchmesser etwas kleiner als die Tarteletts – formen, je einen Holzstiel hineinstecken und die Kugeln auf dem kalten Blech noch einmal 1–2 Stunden im Tiefkühlfach einfrieren.

• Den Grill vorbereiten auf direkte Hitze 220 °C, mittlere Rosthöhe und offenen Deckel.

• Die Biskuittarteletts auf dem Rost bei direkter Hitze von beiden Seiten kurz anrösten. Herunternehmen und auskühlen lassen, dann mit etwas Cointreau beträufeln, mit Nuss-Nougat-Creme großzügig bestreichen und je 1 Teelöffel Konfitüre daraufgeben. Die bestrichenen Böden mit Pistazien bestreuen.

• Für das Eis die Eiweiße mit den Quirlen des Handrührgeräts zu sehr steifem Schnee schlagen, dabei den restlichen Zucker und 1 Prise Salz einrieseln lassen. Die Eiskugeln aus dem Eisfach nehmen, rundherum in den gehackten Haselnüssen wälzen, mit dem Eischnee ummanteln und über der direkten Hitze 1–2 Minuten goldbraun grillen, dabei am Holzspieß festhalten.

• Die Eiskugeln auf je ein Biskuittartelett setzen und mit den restlichen Basilikumblättchen garniert servieren.

Meine Tipps:

• *Übrig gebliebenes Himbeerpüree in eine Gefrierbox füllen oder ebenfalls zu Kugeln formen und in einem stillen Moment genießen.*

• *Die Biskuittarteletts können Sie anstelle der Schokocreme gerne auch mit frischen Erdbeeren, Blaubeeren oder anderen Früchte belegen.*

KLEIN BEIGEBEN

Salate & Beilagen

123

THAIGURKENSALAT

MIT AVOCADO UND SESAM

Vorbereitung: 30 Min.

Für vier Männer

Für den Salat:
- 2 Salatgurken
- Salz
- 2 Avocados
- 1 Spritzer Limettensaft
- 1 reife Mango
- 2 Schalotten
- 2 Stängel Minze
- 2 Stängel Thaibasilikum
- 2 EL Sesamsamen
- 3 EL geröstete Erdnusskerne

Für das Dressing:
- 1 Knoblauchzehe
- 1 Chilischote
- 2 EL Sojasauce
- 1 EL Sesamöl
- 2 EL Erdnussöl
- 1 EL heller Aceto balsamico
- 1 TL Honig
- Pfeffer aus der Mühle

Außerdem:
- kleiner Kugelausstecher (optional)

Zubereitung

- Für den Salat die Gurken waschen, schälen, längs halbieren, mit einem Löffel die Kerne entfernen und die Hälften in dünne Halbmonde schneiden. Die Stücke in einem Sieb mit etwas Salz bestreuen und 30 Minuten ruhen lassen.

- In der Zwischenzeit für das Dressing den Knoblauch abziehen und durchpressen oder fein hacken. Die Chilischote waschen, längs halbieren, entkernen und fein hacken. Knoblauch und Chili mit Sojasauce, Sesamöl, Erdnussöl, Essig und Honig verrühren. Mit Salz und Pfeffer abschmecken.

- Für den Salat die Avocados halbieren, den Kern herauslösen, das Fruchtfleisch mit einem Kugelausstecher oder kleinen Löffel in Kügelchen ausstechen. Die Kügelchen in einer Schüssel mit etwas Limettensaft marinieren, damit sie sich nicht braun färben. Die Mango schälen, das Fruchtfleisch links und rechts vom Stein schneiden (siehe Tipp Seite 114) und in kleine Würfel schneiden. Die Schalotten abziehen und in feine Streifen schneiden. Minze und Thaibasilikum waschen und trocken schütteln. Die Blätter von den Stängeln zupfen und fein schneiden. Den Sesam in einer beschichteten Pfanne ohne Fett bei mittlerer Hitze goldbraun rösten. Die Erdnüsse hacken.

- Die abgetropften Gurken mit Avocado, Mango und Schalotten mischen, dann das Dressing unterheben. Mit Salz und Pfeffer abschmecken. Kurz vor dem Servieren Erdnüsse und Kräuter unterrühren.

- Den Thaigurkensalat auf Teller verteilen und mit Sesam bestreut servieren.

Mein Tipp:

- *Wer mag, kann noch vor dem Servieren zusätzlich 1 Handvoll Sojasprossen unter den Salat geben.*

RÖSTKARTOFFELSALAT

MIT EINGELEGTEN TOMATEN UND FRISCHEN KRÄUTERN

Vorbereitung: 15 Min. • Garzeit: 30 Min.

Für vier Männer

Für den Salat:
- 600 g Drillinge (kleine Kartoffeln)
- 3 EL Olivenöl
- Salz
- Pfeffer aus der Mühle
- 250 g getrocknete Tomaten (in Öl)
- 1 Handvoll gemischte Oliven (ohne Stein)
- 2 Schalotten
- einige schöne Blätter Kopfsalat
- grobes Meersalz zum Bestreuen

Für das Dressing:
- 1 Zweig Rosmarin
- 3 EL Aceto balsamico
- 1 TL Senf
- 3 EL Olivenöl
- 1 Prise Zucker
- Salz
- Pfeffer aus der Mühle

Zubereitung

• Den Backofen auf 200 °C Ober-/Unterhitze (Umluft 180 °C, Gas Stufe 3–4) vorheizen. Die Kartoffeln unter fließendem kaltem Wasser gründlich abbürsten, dann trocknen, halbieren und mit dem Olivenöl in einer Schüssel mischen. Mit Salz und Pfeffer würzen.

• Ein Backblech mit Backpapier auslegen, die Kartoffeln mit der Schnittseite nach unten darauf verteilen und im heißen Ofen auf mittlerer Schiene etwa 30 Minuten backen. Herausnehmen und etwas abkühlen lassen.

• Für das Dressing den Rosmarin waschen und trocken schütteln. Die Nadeln abzupfen und fein hacken. Rosmarin, Essig, Senf und Öl verquirlen. Mit Zucker, Salz und Pfeffer abschmecken.

• Für den Salat die Tomaten auf Küchenpapier abtropfen lassen und in Streifen schneiden. Die Oliven grob hacken. Die Schalotten abziehen und in Ringe schneiden. Die Salatblätter waschen und trocken schleudern. Kartoffeln, Tomaten, Oliven und Schalotten mit dem Dressing vermischen. Noch einmal mit Salz und Pfeffer abschmecken.

• Eine Schüssel mit den Salatblättern auslegen, den Salat hineinfüllen, mit grobem Meersalz bestreuen und sofort servieren.

Das Bild zum Rezept finden Sie im Buchumschlag vorne links.

– COLE SLAW –

der Barbecue-Klassiker

Vorbereitung: 30 Min. + 1–2 Std. Ziehzeit

Für vier Männer

Für den Salat:
- 1 Weißkohl (ca. 600 g)
- 1 Prise Zucker
- Salz
- 2 große Möhren
- 1 Stange Lauch

Für das Dressing:
- 100 g Schmand
- 4 EL Mayonnaise
- 1 EL heller Aceto balsamico
- 1 EL süßer Senf
- 1 Prise Zucker
- 1 Prise Cayennepfeffer
- Pfeffer aus der Mühle

Zubereitung

- Vom Kohl die äußeren Blätter entfernen. Den Kopf waschen und vierteln, dann den Strunk keilförmig herausschneiden. Die Kohlstücke über einen Gemüsehobel oder mit einem großen scharfen Messer in sehr feine Streifen hobeln beziehungsweise schneiden (siehe Tipp). Die Streifen in einer großen Schüssel mit je 1 Prise Zucker und Salz mit den Händen kräftig durchkneten – so wird der Kohl weicher.

- Die Möhren schälen und grob zum Kohl raspeln. Den Lauch längs halbieren, gründlich waschen und den weißen bis hellgrünen Teil in lange, feine Streifen schneiden.

- Für das Dressing Schmand, Mayonnaise, Essig, Senf und Zucker verrühren. Mit Salz, Cayennepfeffer und Pfeffer abschmecken, dann mit dem Kohl gut mischen. Lauchstreifen unterheben. Mit Zucker, Salz und Pfeffer noch einmal abschmecken. Die Schüssel abdecken und den Cole Slaw im Kühlschrank 1–2 Stunden ziehen lassen.

- Den Cole Slaw ca. 30 Minuten vor dem Servieren aus dem Kühlschrank nehmen.

Meine Tipps:

- *Cole Slaw mit Rosinen und Nüssen: Dazu 100 g Studentenfutter klein hacken und unter den Salat heben. Ideal passen dann dazu auch ein paar frische Orangenfilets.*

- *Wer den Salat anders abwandeln möchte, kann auch ein paar Orangenfilets und Walnüsse dazugeben.*

- *Damit der Weißkohl schön fein geschnitten ist, empfehle ich, diesen am besten über eine Küchenmaschine zu schneiden. Ideal dafür eignen sich auch kleine Küchenhobel aus dem Asiashop.*

LINSENSALAT

orientalisch

Vorbereitung: 30 Min. + mind. 30 Min. Marinierzeit

Für vier Männer

Für den Salat:
- 300 ml Gemüsebrühe
- 250 g rote Tellerlinsen
- 1 EL Currypulver
- 1 rote Zwiebel
- 2 reife Tomaten
- 1 Salatgurke
- 1 Bund glatte Petersilie
- 3 Stängel Koriandergrün
- 100 g Studentenfutter

Für das Dressing:
- 4 EL gutes Olivenöl
- 4 EL dunkler Aceto balsamico
- 2 EL Zitronensaft
- 1 Spritzer Tabasco
- 1 Prise Zucker
- Salz
- Pfeffer aus der Mühle

Zubereitung

• Die Brühe in einem Topf aufkochen. Die Linsen in einem Sieb kalt abspülen und in die kochende Brühe streuen. Das Currypulver dazugeben, alles kurz aufkochen, dann die Temperatur reduzieren und die Linsen bei schwacher Hitze nach Packungsangabe ca. 12 Minuten weich garen. Sie sollten noch leichten Biss haben.

• In der Zwischenzeit die Zwiebel abziehen und in feine Streifen schneiden. Die Tomaten waschen, vierteln, entkernen und ohne Stielansatz in Stücke schneiden. Die Gurke waschen, schälen, längs vierteln, entkernen und ebenfalls klein schneiden. Petersilie und Koriander waschen und trocken schütteln. Ein paar schöne Blättchen Koriander für die Garnitur beiseitelegen. Den Rest mit den abgezupften Petersilienblättern fein schneiden. Das Studentenfutter in einer beschichteten Pfanne ohne Fett bei mittlerer Hitze leicht anrösten.

• Für das Dressing Öl, Essig, Zitronensaft und Tabasco verquirlen. Mit Zucker, Salz und Pfeffer abschmecken. Die bissfest gegarten Linsen abgießen, in einem Sieb abtropfen und abkühlen lassen.

• Die Linsen mit Zwiebel, Tomaten, Gurke, Petersilie, Koriander und Studentenfutter in einer Schüssel vermengen, mit dem Dressing übergießen und den Salat mindestens 30 Minuten ziehen lassen. Anschließend noch einmal mit Zitronensaft, Zucker, Salz und Pfeffer abschmecken.

ASIATISCHER SALAT

mit Cashewkernen und Ananas

Vorbereitung: 30 Min. + 30 Min. Marinierzeit

Für vier Männer

Für den Salat:

- 200 g Glasnudeln
- ½ Ananas
- 2 rote Spitzpaprikaschoten
- 1 Salatgurke
- 1 rote Zwiebel
- ¼ Kopf Chinakohl
- 2 EL Erdnussöl
- 1 Handvoll Cashewkerne
- 1 Prise Zucker
- Salz
- Cayennepfeffer
- 4 Stängel Koriandergrün
- 2 Stängel Thaibasilikum

Für das Dressing:

- 1 Chilischote
- 1 Stück Ingwer (3 cm)
- 1 Knoblauchzehe
- 6 EL Maracujasaft
- 6 EL Teriyakisauce
- 3 EL Sojasauce
- 2–3 EL Limettensaft
- 1 EL Honig
- 4 EL Erdnussöl
- Pfeffer aus der Mühle

Zubereitung

• Für den Salat die Glasnudeln in einer Schüssel mit kochendem Wasser übergießen und 3–4 Minuten ziehen lassen, bis sie weich sind. Die Nudeln in ein Sieb abgießen, kurz kalt abspülen und abtropfen lassen. Die Glasnudeln auf einem Brett klein schneiden, alternativ mit einer Schere kürzen.

• Die Ananas schälen, den harten Strunk entfernen und das Fruchtfleisch in Stücke schneiden. Die Paprikaschoten waschen, halbieren, entkernen und in Streifen schneiden. Die Gurke waschen, schälen, längs halbieren, mit einem Löffel die Kerne entfernen und die Hälften in Halbmonde schneiden. Die Zwiebel abziehen, halbieren und ebenfalls in feine Streifen schneiden.

• Den Chinakohl waschen und ohne Strunk in Streifen schneiden. Das Erdnussöl in einer Pfanne erhitzen und den Chinakohl darin bei mittlerer bis starker Hitze anbraten. Herausnehmen, die Pfanne erneut erhitzen und die Cashewkerne darin anrösten. Je 1 Prise Zucker und Salz dazugeben und die Nüsse leicht karamellisieren. Mit Cayennepfeffer bestäuben, die Pfanne vom Herd nehmen und die Kerne auskühlen lassen.

• Für das Dressing die Chilischote waschen, längs halbieren, entkernen und fein hacken. Den Ingwer schälen und fein würfeln. Den Knoblauch abziehen und durchpressen oder fein hacken. Maracujasaft, Teriyakisauce, Sojasauce, Limettensaft, Honig und Erdnussöl verrühren. Chili, Ingwer und Knoblauch unterrühren.

• Das Dressing mit Glasnudeln, Ananas, Paprika, Gurke, Zwiebel und Chinakohl mischen und ca. 30 Minuten ziehen lassen, dann noch einmal mit Limettensaft, Zucker, Salz und Pfeffer nachschmecken. Koriander und Basilikum waschen und trocken schütteln. Die Blätter abzupfen und fein hacken, dann mit den Nüssen unter den Salat heben.

RÖMERSALAT

im Serranoschinkenmantel vom Grill mit Pesto

Vorbereitung: 20 Min. • Grillzeit: 3 Min. • Methode: direkt

Für vier Männer

Für das Pesto:
- 2 EL Pinienkerne
- 50 g Parmesan
- 50 g Pecorino
- 1 Knoblauchzehe
- 2 Bund Basilikum
- 200 ml gutes Olivenöl
- Abrieb und Saft von 1 Biolimette
- Salz
- Pfeffer aus der Mühle

Für den Salat:
- 4 kleine Herzen Römersalat
- 8 Scheiben Serranoschinken

Außerdem:
- Olivenöl zum Fetten des Rosts

Zubereitung

• Den Grill vorbereiten auf direkte Hitze 200–220 °C, mittlere Rosthöhe und offenen Deckel. Den Grillrost einfetten.

• Für das Pesto die Pinienkerne in einer beschichteten Pfanne ohne Fett bei mittlerer Hitze goldbraun rösten. In eine Schüssel umfüllen und auskühlen lassen. Beide Käsesorten reiben. Den Knoblauch abziehen und fein hacken. Das Basilikum waschen und trocken schütteln. Die Blätter abzupfen und mit Pinienkernen und Knoblauch mit einem Blitzhacker fein zerkleinern, alternativ alles fein hacken. Die Masse mit dem Käse, Olivenöl, Limettenabrieb und einem Spritzer Limettensaft verrühren. Mit Salz und Pfeffer abschmecken.

• Für den Salat die Köpfe längs halbieren, waschen, trocken schleudern und den Strunk entfernen. Jede Hälfte stramm in eine Schinkenscheibe einrollen und auf dem Rost bei direkter Hitze und offenem Deckel rundherum 2–3 Minuten angrillen.

• Die Salatherzen im Serranoschinkenmantel auf Tellern anrichten und mit Pesto beträufelt servieren. Dazu ein frisches Ofenbaguette reichen und das Ganze mit einem kühlen Weißwein genießen.

CELLENTANISALAT

MIT PINIENKERNEN UND HONIG-SENF-CREME

Vorbereitung: 15 Min. + ca. 10 Minuten Garzeit

Für vier Männer

Für den Salat:
- 200 g Cellentani (siehe Tipp)
- Salz
- 50 g Pinienkerne
- 1 rote Zwiebel
- 2 Frühlingszwiebeln
- 100 g getrocknete Tomaten (in Öl)
- 8 Mandarinenfilets (aus der Dose)

Für die Creme:
- 100 g Crème fraîche
- 2 EL Honig
- 2 EL scharfer Senf
- 1 EL süßer Senf
- Pfeffer aus der Mühle

Zubereitung

- Für den Salat die Nudeln in reichlich kochendem Salzwasser nach Packungsangabe bissfest garen. In der Zwischenzeit die Pinienkerne in einer beschichteten Pfanne ohne Fett goldbraun rösten. In eine Schüssel umfüllen und abkühlen lassen. Die Zwiebel abziehen, halbieren und in Streifen schneiden. Die Frühlingszwiebeln waschen, das Wurzelende entfernen und den weißen bis hellgrünen Teil schräg in dünne Ringe schneiden. Die Tomatenstücke auf Küchenpapier abtropfen lassen und klein schneiden. Die Mandarinenfilets ebenfalls abtropfen lassen und fein hacken.

- Die bissfest gegarten Nudeln abgießen, kalt abspülen und gründlich abtropfen lassen. Für die Creme Crème fraîche, Honig, scharfen und süßen Senf verrühren. Mit Salz und Pfeffer abschmecken.

- Die Nudeln in einer großen Schüssel mit Pinienkernen, Zwiebel, Frühlingszwiebeln, Tomaten und Mandarinen vermischen, mit der Creme marinieren und noch einmal mit Salz und Pfeffer abschmecken.

Mein Tipp:

- *Cellentani sind spiralförmige, leicht gerillte kurze Maccheroni. Natürlich können Sie den Salat zum Beispiel auch mit Farfalle oder Penne zubereiten.*

WER BIN ICH

und warum warum grille ich so gerne?

Die zweite Frage ist schnell beantwortet: Während einer Harley-Tour weit unten in Südafrika am Kap der Guten Hoffnung saßen wir abends gemeinsam am Lagerfeuer. Und spontan grillten wir mit einfachsten Mitteln das, was auf die Schnelle verfügbar war. In diesem Moment hat mich die Leidenschaft gepackt und bis heute nicht mehr losgelassen. Nach meiner Rückkehr in die Heimat begann ich, auch hier in Deutschland das Grillen so zu nutzen wie mein Freund Aaron aus Südafrika.

Praktisch war und ist, dass sich diese Leidenschaft schon immer bestens mit meinem Beruf verbinden ließ, denn ich bin gelernter Koch. Womit wir auch schon bei der Beantwortung der ersten Frage angekommen wären. Während meiner Wanderjahre rund um die Welt bis in die Sternegastronomie zog es mich unter anderem eben auch nach Südafrika, wo ich neben dem Umgang mit Straußenfleisch und dem sicheren Wissen, wie schön der Blick vom Tafelberg ist, diese ganz andere und für mich neue Art kennengelernt habe, mit dem offenen Feuer umzugehen.

Meine Reisen haben meine Küche und eben auch meine ganz persönliche Art des Grillens stark geprägt – sie lässt sich am besten beschreiben als World Kitchen mit kulinarischen Genüssen Europas, Asiens, der Karibik, Australiens und Südafrikas.

Ein optimales Feedback zu dem, was ich tue, bekomme ich regelmäßig in meiner Kochschule, der Kochschule Hamburg. Gemeinsam zu kochen oder zu grillen und dabei hilfreiche Tipps und Tricks zu verraten, ist und bleibt für mich eine der schönsten Sachen der Welt. Dass das auch unseren „Schülern" so geht, zeigt unser Erfolg: Mittlerweile ist aus einer kleinen Idee das erfolgreichste privat geführte Kochschulnetzwerk mit Kochschulen in vielen Städten gewachsen.

Meinen Grill nutze ich auch zu Hause mittlerweile als regelrechte Outdoorküche. Und nach wie vor habe ich Spaß daran, neue Gerichte zu kreieren oder Bewährtes zu variieren. Ob Pulled Pork, klassische Steaks, Drumsticks, Veggiebuletten, leckere Salate, Dips und Marinaden – in diesem Buch findet ganz sicher jeder etwas! Aber damit sind wir schon im Bereich der Kür. Vorher gibt Ihnen der vordere Pflichtteil ein wenig Unterstützung für Ihren praktischen Start ins Grillabenteuer, um schlussendlich Ihren eigenen Stil des Grillens leichter zu finden.

Für mich ist und bleibt das Grillen eine der schönsten Arten, um in geselliger Runde mit Freunden und/oder Familie zusammen zu sein und das Essen zu genießen. Das so gesammelte Wissen und die vielen schönen Rezepte möchte ich in diesem Buch mit Ihnen teilen. Kommen Sie mit an den Grill und erleben Sie mit mir gemeinsam die jahrtausendealte Faszination des Feuers!

Ihr Thomas Krause

Danksagung

Ein besonderer Dank geht an meine Familie, die mich wieder einmal wunderbar unterstützt hat, dafür aber auch als kleine Entschädigung in den Genuss vieler Grillproben meiner Rezeptideen gekommen ist.

– REGISTER –

Stichwortverzeichnis

Rezeptverzeichnis nach Kapiteln

RIND & KALB

ALLES VOM SCHWEIN

GEFLÜGEL & WILD

FISCH & MEERESFRÜCHTE

VEGETARISCH & VEGAN

DESSERTS & CO.

SALATE & BEILAGEN

IMPRESSUM

1. Auflage

Originaltitel: Männergrillschule

ISBN 978-3-8094-4406-0

UMSCHLAGGESTALTUNG: Atelier Versen, Bad Aibling
HERSTELLUNG: Elke Cramer
BILDREDAKTION: Sabine Kestler
PROJEKTLEITUNG: Anja Halveland
FOODFOTOS: Hubertus Schüler
FOODSTYLING: Stefan Mungenast
FOTOASSISTENT: Benedikt Koester
MIT AUSNAHME VON: Gettyimages, München: 64/65 (maskot); Istockphoto: 8 (Aleksei Oslopov und ZU_09), 10 (nicoolay), 12 (nicoolay), 13 (ivan-96), 16 (nicoolay), 18 (mashakotcur), 20 (nicoolay), 22 (ivan-96), 24/25 (yeskatja), 25 (nicoolay), 26 (ilbusca), 28 (ilbusca), 31 (ilbusca), 32 (ilbusca), 35 (nicoolay), 36 (nicoolay), 49 (Andrii Oliinyk), 50 (nicoolay), 62 (KeithBishop), 65 (asmakar), 66 (nicoolay), 68 (ilbusca), 69 (ilbusca), 73 (nicoolay), 77 (Andrii Oliinyk), 80/81 (RyanJLane), 81 (mecaleha), 82 (ilbusca), 85 (ilbusca), 86 (nicoolay), 89 (nicoolay), 91 (nicoolay), 95 (mecaleha), 96 (ilbusca), 98/99 (CasarsaGuru), 99 (nicoolay), 100 (Ievgeniia Lytvynovych), 102 (Epine_art), 105 (nicoolay), 106 (nicoolay), 108 (rudall30), 110 (nicoolay), 112/113 (Jeff Bergen), 113 (Grafissimo), 114 (nicoolay), 120 (Nastasic), 122/123 (mythja), 123 (nicoolay), 125 (nicoolay), 126 (nicoolay), 128 (nicoolay), 131 (nicoolay), 140 (nicoolay) ; Koss Igor: 137; Photocase: 48/49 (pischare); shutterstock: 44 (Solveig), 45 (More-Vector), 46 (nata_danilenko)

Für die freundliche Unterstützung der Fotoproduktion danken wir: Napoleon Grills Europe, Poppenbouwing 29-31, 4191 NZ Geldermalsen, Niederlande

SATZ: Nadine Thiel, kreativsatz, Baldham
DRUCK & BINDUNG:
Mohn Media Mohndruck GmbH, Gütersloh

Printed in Germany

MIX
Papier aus verantwortungsvollen Quellen
FSC® C011124
FSC
www.fsc.org

Penguin Random House Verlagsgruppe
FSC® N001967